Livre dix
LA MÉTHODE

GPBALANCE
YOGA HORMONAL HOMMES + FEMMES

Méthode thérapeutique développée par Gustavo Ponce (GP) pour réveiller et rééquilibrer les hormones chez les femmes et les hommes.

GUSTAVO PONCE

www.gpbalance.com

Traduction: Frédérique Verdeau

GPBALANCE, Livre . 10. Deuxième Édition

Traduction française: Frédérique Verdeau

Conception et fabrication

Patricio Castillo Romero www.entremedios.cl

Edité au Chili

CONTENU DU LIVRE DIX

I
Introduction

Notre santé est notre responsabilité ! Crie haut et fort Kausthub Desikachar, petit-fils de T. Krishnamacharya, père du Hatha Yoga moderne.

Mettre notre santé entièrement entre les mains des autres nous met dans une situation dangereuse. Nous sentons que nous pouvons ignorer les signes et les symptômes que notre corps essaie de nous donner, et nous livrer à un mode de vie irresponsable et glouton, qui tôt ou tard nous rendra malades.

Notre alimentation et notre mode de vie sont de puissants facteurs qui contribuent à presque toutes les maladies d'aujourd'hui. Nous avons créé un style de vie centré sur le travail qui nous laisse peu de temps pour prendre soin de nous ou même profiter des repas que nous préparons. Nous avons mécanisé la chaîne d'approvisionnement alimentaire et en avons fait une industrie au contenu génétiquement et chimiquement modifié. Les animaux ne sont pas autorisés à vivre naturellement, ni les fruits et légumes. Les vaches n'étaient pas destinées à vivre dans des étables contrôlées par des robots, et les plantes n'étaient pas destinées à être cultivées dans des laboratoires contrôlés. Ils étaient censés être nourris par le soleil, le vent, l'eau et d'autres forces naturelles. Ils n'ont jamais eu besoin d'injection régulière de produits chimiques ou d'interférences de l'humanité. Tout ce que nous touchons devient sans vie.

Nous avons aussi oublié que nous sommes des êtres humains (l'accent est mis sur le mot "être"). Au lieu de cela, nous sommes devenus des machines humaines, travaillant jour après jour pour simplement gagner de l'argent. Nous ne travaillons même pas à ce pour quoi nous sommes bons ou ce que nous aimons. Au lieu de cela, nous poursuivons ce que nous pensons nous rapporter plus d'argent, et au lieu de poursuivre notre passion, nous avons commencé à poursuivre la folie. Non seulement nous sommes devenus insensibles à nos vrais potentiels, mais nous sommes également devenus apathiques à ce qui se passe autour de nous. Nous ne nous arrêtons pas pour sentir les fleurs, ou entendre les oiseaux autour de nous, ou sentir le vent souffler sur notre visage ou d'autres choses aussi simples mais profondément nourrissantes. Nous regardons l'écran de nos téléphones portables et disparaissons dans le monde fantastique des médias numériques, plutôt que de regarder, sourire ou parler à la personne assise près de nous.

La santé est une responsabilité fondamentale, et si nous ne le faisons pas nous-mêmes, personne ne le fera à notre place. Faites de l'exercice. Mangez sain. Dormez suffisamment et profitez du soleil. Restez en compagnie des bonnes personnes. Poursuivez votre passion. Acceptez que la vie ait des hauts et des bas.

GPBALANCE, c'est prendre notre santé en main. Notre vie est en proie à des menaces pour notre santé, affectant même notre ADN. Certaines d'entre elles sont le résultat de produits chimiques toxiques dans l'air que nous respirons, dans les aliments que nous avalons ou absorbons par la peau à partir de produits ménagers et d'autres sources environnementales. D'autres menaces se produisent dans notre corps, comme l'inflammation et les infections, mais la pire de toutes les menaces se produit dans notre esprit sous la forme de pensées et d'émotions avec des conséquences dévastatrices pour notre santé. D'où l'importance de garder un bon équilibre psychosomatique. L'ÉQUILIBRE est le maître mot.

En comparaison avec la plupart des méthodes de Hatha yoga, la demande physique est plutôt faible en YOGA GPBALANCE, cependant cela demande beaucoup de concentration car tout au long de la pratique différents types de respiration sont utilisés tout en contractant les sphincters internes ayant en même temps la langue appuyant toujours sur le palais mou . On peut dire que le fil conducteur de toutes les techniques, c'est le souffle.

Chaque jour, nos cellules consomment environ 800 grammes d'oxygène. La respiration est aussi importante que ce que nous mangeons ou l'exercice que nous faisons. Le problème est que la plupart des gens ne respirent pas correctement. Pour commencer, beaucoup de gens respirent par la bouche. Ce n'est pas seulement faux, mais aussi terrible! Nous devrions apprendre à extraire tout l'air de nos poumons afin d'en faire entrer davantage. La plupart des gens n'engagent qu'une petite fraction de leur capacité pulmonaire totale à chaque respiration, ce qui oblige à faire plus de respirations et à obtenir moins d'air. La respiration, si elle est bien faite, peut vous donner beaucoup d'énergie et calmer les émotions.

La méditation, les visualisations et la relaxation sont les piliers les plus importants.

La plupart des personnes pratiquant le yoga régulièrement auront certainement plus de volume de matière grise dans leur cerveau et des niveaux hormonaux plus équilibrés que les personnes qui ne le pratiquent pas. En effet, chaque posture réalisée est toujours accompagnée de la respiration, principalement de la partie expirée, activant le système nerveux parasympathique. En d'autres termes, déstressant.

GPBALANCE apportera une prise de conscience sur de nombreux aspects de notre corps qui sont inconnus même des praticiens les plus expérimentés. Rappelez-vous que le but de La Méthode est d'équilibrer nos énergies, donc ni les énergies positives (solaires) ni négatives (lunaires) ne sont trop prédominantes dans les systèmes de notre corps, en particulier dans le système endocrinien.

Certaines des techniques utilisées dans la Méthode appartiennent à la "famille Shalabhasana" (avec le pubis appuyant sur le sol) qui augmente considérablement la libido chez les hommes et les femmes et qui a tendance à diminuer avec l'âge, aidant également à garder le dos sain et fort. Les différentes techniques de Hatha yoga utilisées dans GPBALANCE harmonisent et rajeunissent tout le corps en rééquilibrant les systèmes endocrinien, nerveux, respiratoire et circulatoire.

GPBALANCE est composé de 50 techniques réparties en 5 sections: La première et la dernière se pratiquent assis au sol dos droit. La seconde se fait allongée sur le dos; la troisième est composée de plusieurs postures debout (Une partie de cette section est facultative car certaines personnes, en raison de leur âge ou de leur condition physique, ont des difficultés à le faire); la quatrième se fait face au sol. Nous vous expliquerons en détail chaque section et chaque technique.

La pratique complète dure environ 1 heure et 15 minutes. La méditation et la relaxation peuvent prendre une demi-heure supplémentaire. Comme la plupart des gens ne peuvent pas consacrer autant de temps, la pratique peut être adaptée au temps dont nous disposons. Je suggère un minimum de 20 à 30 minutes par jour. Certains jours, nous pouvons travailler exclusivement sur les première et deuxième sections; les autres jours, nous pouvons nous concentrer sur les autres sections. En pratiquant GPBALANCE, vous créerez votre propre routine. Nous vous recommandons d'éviter de pratiquer après le dîner. Pratiquez toujours l'estomac vide. Le meilleur moment est tôt le matin, avant le petit-déjeuner.

Le corps digère mieux la nourriture lorsque l'esprit est calme. Pour calmer l'esprit, l'estomac doit être vide. Si votre système nerveux est agité, pendant que vous mangez, les hormones du stress interfèrent avec la sécrétion des sucs gastriques (bile, enzymes et acide gastrique).

Il est conseillé aux femmes ayant leurs règles de ne pas pratiquer Bhastrika ou Kapalabhati. Elles devraient plutôt faire Ujjay.

II
Les Outils de
GPBALANCE

1. La Respiration

Il n'y a pas de yoga si nous ne sommes pas conscients de notre respiration. La respiration dans le yoga est le **Pranayama** «la régulation consciente de la respiration». Cela a des conséquences importantes sur le corps, l'esprit et les émotions. Il calme l'esprit et nous permet de pénétrer ses mystères. Notre respiration est intimement liée à notre état d'esprit. Elle ralentit quand on a peur; elle se déplace au niveau de la poitrine quand l'on est stressé; elle est irrégulière quand l'on est anxieux; elle est douce et paisible lorsque nous sommes détendus. Le Pranayama a été développé pour contrôler l'esprit. Le flux et le rythme de la respiration sont directement liés au flux et au rythme de nos pensées. Par conséquent, lorsque nous pouvons contrôler la respiration, nous pouvons contrôler nos pensées.

Le Pranayama purifie et rééquilibre les Nadis et réveille le Prana, par conséquent, nous devrions le pratiquer quotidiennement; les résultats ne sont pas immédiats, comme c'est le cas des Asanas. C'est pourtant l'un des meilleurs moyens pour ralentir le vieillissement du corps.

Nous utilisons 5 types de respirations différentes: respiration normale mais consciente, Ujjay, Bhastrika 1, Bhastrika 2 et Kapalabhati. Dans la première section de «La Méthode», nous nous entraînons à chacun de ces différents types de respiration, car elles sont toutes utilisées dans les sections suivantes. Sans la maîtrise de la respiration, il n'est pas possible de pratiquer GPBALANCE. C'est le cœur de la méthode. C'est la raison pour laquelle lorsque nous enseignons GPBALANCE, nous consacrons tant de temps à la première section.

Nous utilisons par ailleurs des pranayamas tels que Simhasana, Surya et Chandra Bhedana et Nadi Shodhana; et bien sûr, Kumbhaka (Antar et Bahya Kumbhaka).

Ujjay: Il est recommandé de commencer à le pratiquer après avoir maîtrisé la respiration yogique complète (en utilisant la capacité totale de vos poumons) et être capable de faire Samavritti Pranayama (même durée de respiration en inspirant et en expirant). Ujjay signifie" victorieux".

Ujjay est Samavritti Pranayama fait avec une fermeture partielle de la gorge. Quand il est fait correctement, un son typique sort de la glotte (une ouverture en forme de fente sur le plancher du pharynx, est une valve qui contrôle le flux d'air entrant et sortant des voies respiratoires).

Ce son doit être doux et uniforme. Lorsque vous pratiquez les asanas, le son guidera votre pratique.

Ujjay est mieux fait avec Khechari Mudra, Mula y Uddiyana Bandha. Il nous apprend l'art de prolonger l'inspiration et l'expiration.

Il aide les personnes souffrant de problèmes cardiaques congénitaux et d'hypertension artérielle. Il est également bénéfique pour les personnes souffrant d'asthme et de dépression. Il stimule le nettoyage naturel des voies nasales.

(Bhastrika 1, Bhastrika 2, Kapalabhati, Surya, Chandra Bhedana et Nadi Shodhana sont expliqués dans le chapitre suivant).

Kumbhaka. À la fin de chaque inhalation, la respiration s'arrête naturellement, juste pendant une milliseconde, avant de commencer à expirer. De la même manière, à la fin de chaque expiration, il y a une très courte pause avant l'inspiration suivante. Le cycle respiratoire comporte quatre étapes: inhalation, pause, expiration, pause. L'art de prolonger consciemment les pauses s'appelle «Kumbhaka». Il maintient le Sadhaka (étudiant) dans un silence complet mentalement et physiquement.

Il est toujours fait avec Jalandhara Bandha.

Lorsque l'on retient la respiration, les impulsions nerveuses sont arrêtées dans différentes parties du corps et les modèles d'ondes cérébrales sont maîtrisés. Plus la respiration est longue, plus l'écart entre les impulsions nerveuses et leurs réponses dans le cerveau est grand. Lorsque la rétention respiratoire est maintenue pendant une période prolongée, l'agitation mentale est réduite. Techniquement parlant, et selon Patanjali, «le pranayama est la cessation du mouvement de l'inspiration et de l'expiration» (Sutra 49). La rétention est importante car elle permet une plus longue période d'assimilation du Prana, tout comme elle laisse plus de temps pour l'échange de gaz dans les cellules, c'est-à-dire oxygène et dioxyde de carbone.

Le mot Kumbhaka signifie pot, comme ceux utilisés par les femmes en Inde pour porter l'eau sur leur tête. Le thorax est comme un pot que nous remplissons complètement d'air. Le couvercle est Jalandhara Bandha. Pour maintenir la pression de l'air à l'intérieur des poumons, nous devons réguler la descente du diaphragme pour protéger les muscles du cœur. La rétention de l'air poumons pleins ou vides ne

- **Antara Kumbhaka:** retenir le souffle après avoir inhalé. Aide à augmenter nos niveaux d'énergie et à renforcer le système nerveux. Il est recommandé aux personnes souffrant d'hypotension artérielle.

- **Bahya Kumbhaka:** retenir le souffle après avoir expiré. Il est recommandé pour les personnes souffrant d'hypertension artérielle, car il détend le système nerveux et l'on devient plus paisible. Déconseillé aux personnes souffrant de dépression ou d'hypotension.

- Simhasana: lion pose

Nous pratiquerons la respiration du Lion, ou Simhasana en sanskrit, dans la 5ème section de GPBALANCE, avant Uddiyana Bandha, Agni Sara Dhauti et Nauli. Nous le faisons une seule fois pour expirer complètement l'air des poumons en sortant la langue et en rugissant comme un lion. Cette posture a été décrite au Xe siècle comme «Vimanarcanalalpa».

Il est possible d'utiliser 3 postures différentes pour la pratiquer: comme dans le dessin ci-dessus en appuyant fermement les paumes contre les genoux, en déployant les doigts comme les griffes acérées d'un lion, ou les jambes en position du lotus en Urdhva Mukha Svanasana ou en Sukhasana. Nous utilisons cette dernière dans GPBALANCE, car l'accent n'est pas tant mis sur Simhasana, mais sur les techniques qui suivent, mais si vous voulez profiter des avantages de cette merveilleuse technique, vous devez le faire au moins pendant cinq minutes .

Mais voyons la science derrière Simhasana. On dit qu'elle élimine les toxines et stimule la gorge et le haut de la poitrine. Elle implique la thyroïde et le cinquième chakra. Ce chakra est le siège de la créativité, de la communication et de l'expression.

Vous pouvez faire la respiration du lion pour vous éclaircir la gorge si vous avez la bouche sèche ou un chatouillement de la gorge. Il favorise également la relaxation des muscles du visage et du cou. Ceci est utile lorsque vous avez utilisé ces muscles pour parler ou pour vous concentrer. Elle stimule vos cordes vocales et votre diaphragme. Pour ces raisons, elle est l'un des exercices préférés par les chanteurs et les personnes souffrant de troubles de la parole, tels que le bégaiement. On dit que Simhasana peut aider les personnes souffrant d'asthme. Simhasana aide à garder le platysma ferme à mesure que nous vieillissons. Le platysma est un muscle plat, mince et de forme rectangulaire sur le devant de la gorge. C'est un muscle superficiel qui chevauche le sternocléidomastoïdien. Ses fibres traversent la clavicule et se dirigent obliquement vers le haut et médialement le long du côté du cou. Simhasana active également les trois Bandhas principaux: Mula, Uddiyana et Jalandhara Bandha.

Cette asana aide beaucoup à améliorer la texture et le ton de la voix, aide les personnes introverties, timides ou nerveuses à gagner en confiance. Vous pouvez utiliser un «Drishti», ou regard focalisé, pour fixer votre troisième œil, l'espace entre vos sourcils. Une autre option consiste à vous concentrer sur le bout de votre nez. Certains textes nous demandent de fixer notre regard (drishti) dans l'espace entre les sourcils. C'est ce qu'on appelle "l'observation à mi-front" (bhru-madhya-drishti; bhru = le front; madhya = le milieu). D'autres textes dirigent les yeux vers le bout du nez (nasa-agra-drishti; nasa = nez; agra = point ou partie principale, c'est-à-dire pointe).

Voici comment faire la respiration du lion:

- Trouvez une position assise confortable.

- Penchez-vous légèrement en avant, en appuyant vos mains sur vos genoux ou sur le sol.

- Écartez vos doigts le plus largement possible. Inspirez par le nez. Prenez une profonde inspiration par le nez. Ensuite, ouvrez grand la bouche et simultanément étirez votre langue, recourbant sa pointe vers le menton, ouvrez grand les yeux, contractez les muscles à l'avant de votre gorge et expirez avec force par la bouche avec un "ha" distinct. du son. Le souffle doit passer au fond de la gorge.

- Respirez normalement pendant quelques instants.

- Répétez la respiration du lion pendant 5 minutes, puis continuez à respirer normalement.

2. Mudras

Un mudra est un geste qui facilite la circulation de l'énergie dans le corps subtil. Ils vous aident à vous tourner vers l'intérieur. Chaque Mudra peut stimuler différentes zones du cerveau en créant un circuit d'énergie dans le corps qui aide à générer un certain état d'esprit. Un Mudra peut impliquer tout le corps ou une partie de celui-ci, le plus souvent les mains. Utilisé avec le yoga, la respiration revigore le flux de Prana dans le corps. Il existe de nombreux mudras, mais dans GPBALANCE, les plus utilisés sont Anjali, Gyan (Chin) et Khechari. Mais nous utilisons également Shambabhi, Prana, Ashwini et Vajroli.

Anjali: C'est probablement le mudra le plus connu. Le geste exprime le respect et la gratitude. Il symbolise l'amour et l'honneur envers vous-même et l'univers. Les yogis l'utilisent au début ou à la fin de la pratique tout en articulant le mot Namaste. Les paumes sont réunies devant l'espace du cœur, en appuyant légèrement les mains l'une contre l'autre, le centre du cœur se soulève vers les mains.

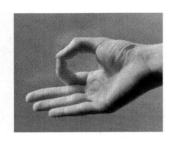

Gyan (or Chin): Ce geste a pour but d'améliorer la concentration, la créativité et d'aiguiser votre mémoire. C'est un excellent sceau à utiliser lorsque vous cherchez à acquérir des connaissances. Pour ce faire, rapprochez les extrémités du pouce et de l'index et gardez les trois autres doigts ensemble, légèrement étirés et détendus. Lorsque vous souhaitez vous sentir plus ancré, placez vos mains sur vos jambes, paumes vers le bas. Sinon, lorsque vous vous sentez ouvert et réceptif, posez vos mains sur vos jambes, paumes vers le haut. Ce mudra symbolise la connaissance, l'union de l'âme individuelle (représentée par l'index) avec l'Être suprême (représenté par le pouce).

Shambabhi Mahamudra Kriya:

Aussi appelé, «regard au centre des sourcils», c'est un moyen puissant d'activer le chakra du troisième œil. Lorsque vous activez ce chakra, vous obtenez un aperçu de la vraie nature des choses et vous puisez dans votre intuition et votre perspicacité psychique.

"... Votre troisième œil peut être utilisé de plusieurs façons. Les voyants utilisent leur troisième œil pour comprendre les connexions cachées et répondre aux questions. Les professionnels de l'énergie «ressentent» les énergies qui les entourent pour manipuler consciemment cette énergie. Et chaque fois que vous avez de l'empathie, vous utilisez votre troisième œil pour toucher et ressentir les émotions des autres."

Il existe de nombreuses façons de le pratiquer. Certaines sont très élaborées et durent 21 minutes. Personnellement, je pense qu'il suffit de regarder un point où vos sourcils se rejoignent sans forcer les muscles oculaires. Les paupières se fermeront automatiquement. Les chercheurs avancés se concentrent sur l'espace entre les sourcils en roulant les deux yeux vers le haut. Avec la pratique, le regard devient involontaire et l'on fait l'expérience d'une union avec l'Être suprême (samadhi) spontanément. Même lorsque les yeux sont fermés, le *Sadhaka* peut observer l'objet de concentration dans l'espace intérieur de son esprit (Chidakasha).

GPRALANCE, Yoga Hormonal, Libro Díez, El Método

Autres avantages: Aide à la communication entre les hémisphères gauche et droit du cerveau; augmente les ondes cérébrales thêta et delta; nous aide à atteindre des états de conscience plus élevés; renforce les muscles oculaires; active Ajneya Chakra et c'est un traitement naturel pour la réduction du stress.

PRANA
MUDRA

-**Prana Mudra:** ce mudra se fait normalement en utilisant les mains avec lesquelles nous faisons la respiration alternée. Dans le chapitre suivant, il est expliqué en détail.

-**Ashwini:** expliqué dans le chapitre suivant.

-**Vajroli Mudra:** c'est l'un des outils proposé par le yoga pouvant vous aider à traiter l'éjaculation précoce et les troubles urinaires. Avec la conservation du sperme combinée aux pratiques yogiques, la nouvelle énergie que vous produisez est transférée vers le haut, vers le cerveau et les centres spirituels supérieurs. Dans GPBALANCE, nous n'utilisons pas exactement cette technique, mais une variante douce. Cependant, pour élargir vos connaissances sur le yoga, il est bon d'en savoir quelque chose. Voici un long article de la Bihar School of Yoga, 1985:

L'Attitude Thunderbolt (Hatha Pradipika, verset 83) «*Même pour quiconque menant une vie libre sans les règles formelles du yoga, s'il pratique bien Vajroli, il en recevra des siddhis (perfections). Vajra est «coup de foudre» ou «éclair». C'est aussi l'arme du Seigneur Indra et signifie «puissant». Vajra dans ce contexte se réfère au Vajra Nadi qui régit le système urogénital. C'est la deuxième couche la plus interne de Sushumna Nadi. Vajra Nadi est l'énergie qui circule dans la colonne vertébrale et régit les systèmes sexuels du corps. Dans la vie ordinaire, il est responsable du comportement sexuel. Cet aspect a été appelé «libido» par le Dr Freud et «orgone» par le Dr Reich. Dans la Sadhana tantrique, cette énergie n'est pas supprimée mais réveillée et redirigée. Les mudras tels que Vajroli, Sahajoli et Amaroli sont ceux qui subliment spécifiquement l'énergie sexuelle en Ojas (vitalité) et Kundalini Shakti.*

Selon le Shatkarma Sangraha, il existe sept pratiques de Vajroli. La pratique implique des années de préparation qui commencent par la simple contraction des muscles urogénitaux et plus tard par l'aspiration de liquides.

Ce n'est qu'après la perfection de la sixième pratique que la septième peut être tentée avec succès par le yogi. Telle est la pratique incluse dans le Maïthuna, les relations sexuelles yogiques. Grâce à cette pratique du Vajroli, l'énergie sexuelle, les hormones et les sécrétions sont ré-assimilées par le corps. Son résultat est l'union des pôles d'énergie négatifs et positifs au sein de son propre corps.

Dans l'ensemble, les gens ont hérité du concept selon lequel ces pratiques sont contre nature ou mauvaises. De nombreux commentateurs du Hatha Pradipika évitent d'en discuter en les rejetant comme des pratiques obscènes proposées par des tantriques de basse caste. De toute évidence, ils ont une mauvaise compréhension de la pratique. Les gens ont concocté l'idée que la vie spirituelle est séparée de la vie mondaine et du corps physique en raison du conditionnement religieux passé qui est devenu perverti. Ces personnes doivent réaliser que la vie spirituelle n'est pas anti-sexuelle et que la vie sexuelle n'est pas anti-spirituelle.

Bien sûr, le célibat a ses propres récompenses, mais selon le Tantra, il devrait surgir spontanément et non pas par suppression. La vie spirituelle signifie développer la conscience en appliquant le mental supérieur aux expériences du corps. Tout ce que nous faisons doit être un moyen de créer le yoga dans notre être. Pourquoi la vie sexuelle devrait-elle en être exclue? La vie sexuelle peut être élevée du plan sensuel au plan spirituel si elle est pratiquée d'une manière, et pour cela le Vajroli Mudra a été prescrit.

Une personne qui a un contrôle parfait du corps et de l'esprit est un yogi dans toutes les situations. Une personne qui se gorge de nourriture, par exemple, est tout aussi «obscène» qu'une personne qui se livre à des actes sexuels incontrôlables. La vie sexuelle a trois objectifs, et cela doit être compris. Pour la personne tamasique, c'est la progéniture; pour la personne Rajasique, c'est le plaisir; pour une personne sattvique, c'est l'illumination.

Le désir de libérer du sperme est une envie instinctive ressentie dans toute la nature, pas seulement par les humains. Par conséquent, il ne devrait y avoir aucune culpabilité ou honte associée. La conscience animale n'est pas l'étape finale du destin évolutif d'un être humain. Le potentiel de «bonheur» de l'homme peut être étendu au-delà de l'expérience momentanée qui accompagne la libération de sperme. Le sperme et les ovules contiennent le potentiel évolutif et s'ils peuvent être contrôlés, non seulement le corps mais aussi l'esprit peuvent être contrôlés.

La nature a fourni le mécanisme de libération séminale, mais bien qu'il ne soit généralement pas connu, la nature a également fourni un moyen de contrôler ce mécanisme à travers diverses pratiques de Hatha yoga. Si la libération de sperme et d'ovules peut être contrôlée, une nouvelle gamme d'expériences apparaît. Ces expériences sont également données par la nature, même si seules quelques personnes les ont acquises. Par conséquent, ces techniques ne devraient pas être contraires à l'ordre naturel.

Bien que la science médicale n'ait généralement pas reconnu ce fait, la libération incontrôlée de sperme tout au long de la vie contribue à une détérioration prématurée des capacités vitales du cerveau, surcharge le cœur et épuise le système nerveux. C'est une question de degré et il n'y a pas de limite à la perfection. Beaucoup d'hommes meurent prématurément d'épuisement physique et mental, leurs rêves ne se réalisant pas et leurs objectifs non atteints. Cependant, si le processus de libération séminale peut être arrêté, de sorte que l'énergie et les spermatozoïdes ne s'échappent pas par l'organe générateur mais soient redirigés vers le haut dans les centres cérébraux supérieurs, alors un plus grand réveil peut avoir lieu; une plus grande vision peut être réalisée, et une plus grande puissance vitale peut être dirigée vers l'accomplissement dans la vie.

Si Vajroli est bien pratiqué, même dans un différent mode de vie libre, les accomplissements du yogi dans la vie seront plus grands, et une plus grande source de puissance vitale et mentale deviendra disponible pour lui. Quelques grands yogis et maîtres ont eu ces expériences et ont donc instruit leurs disciples.

Dans la vie ordinaire, l'apogée de l'expérience sexuelle est le moment où l'esprit devient complètement vide de lui-même, et la conscience au-delà du corps peut être entrevue. Cependant, si cette expérience est courte c'est parce que l'énergie est exprimée à travers les centres énergétiques inférieurs. Cette énergie qui est normalement perdue peut être utilisée pour réveiller le pouvoir dormant de Kundalini à Muladhara. Si le sperme peut être retenu, l'énergie peut être canalisée par Sushumna Nadi et le système nerveux central vers les zones dormantes du cerveau et vers la conscience endormie.

L'acte sexuel captive totalement l'esprit, mais dans le Tantra, cela ne devrait pas être une expérience ordinaire. L'expérience doit être plus que grossière ou sensuelle. La prise de conscience et le contrôle doivent être développés. Les sens doivent être développés. Les sens doivent être utilisés, mais uniquement comme moyen d'éveiller la conscience supérieure, et non la conscience animale, et pour ce Vajroli Mudra et divers rituels tantriques doivent être perfectionnés.

Le Vajroli Mudra est une pratique importante, surtout aujourd'hui où la capacité et le besoin de l'homme de s'exprimer dans le monde matériel et sensuel sont prédominants. Nous devons agir dans le monde extérieur et développer simultanément une conscience intérieure. Le but de la vie devrait être d'atteindre une expérience plus profonde et plus épanouissante au-delà de la seule expérience sensorielle empirique.

Chaque action, y compris l'acte sexuel, doit être dirigée vers la réalisation de la vérité de l'existence. La vie spirituelle ne dépend pas du respect de la morale puritaine. Si vous pouvez suivre de tels idéaux puritains et atteindre l'illumination, alors pratiquez-les, mais ne condamnez pas ceux qui ne le peuvent pas. Au moment où vous créez des idéaux rigides selon lesquels le chemin spirituel doit être «comme ceci» et ne peut pas être «comme cela», vous limitez votre propre capacité à vivre une expérience totale.

Le développement spirituel fait partie de l'évolution. Cela peut se produire lentement pendant des millions d'années comme avec la nature, ou il peut être accéléré par les pratiques du yoga. Vajroli Mudra accélère ce rythme d'évolution. La pratique du Vajroli régule tout le système sexuel. Le niveau de testostérone et la production de spermatozoïdes sont influencés. Même si le yogi est un chef de famille, il ne perd pas le sperme. Par conséquent, que l'on ait des relations sexuelles ou non, le Vajroli doit être pratiqué ».

Bénéfices: aide à éveiller et à équilibrer le chakra sexuel (Swadhisthana Chakra); Vous aide à maîtriser vos énergies sexuelles et votre pulsion sexuelle; corrige les dysfonctionnements sexuels tels que l'impuissance et la dysfonction érectile; améliore la force et le nombre de spermatozoïdes; aide à améliorer la fonction sexuelle et équilibre les niveaux hormonaux; développe l'expression de soi, la créativité et la sensualité.

Sahajoli Mudra, pratique du yoga tantrique féminin

La version féminine de Vajroli Mudra s'appelle Sahajoli Mudra et implique la même contraction musculaire que la version masculine (l'urètre). Chez l'homme, les testicules bougeront légèrement, tandis que chez la femme, les lèvres bougeront légèrement lors de l'application de ce Mudra.

Pratique du Yoga Vajroli / Sahajoli Tantra

Ces techniques tantriques sont plus subtiles et nécessitent de focalisation mentale et de concentration pour être maîtrisées. C'est principalement pour que ces techniques soient les plus efficaces que vous devez être capable de contracter l'urètre exclusivement sans engager les autres muscles génitaux et sexuels. Il faut du temps pour développer cet aspect de la technique alors soyez patient et persistez. Ils se pratiquent facilement partout et à tout moment, vous pouvez donc trouver de nombreuses opportunités tout au long de votre journée pour développer votre expertise.

Fondamentalement, vous devez concentrer votre esprit sur l'urètre. Inspirez et essayez de déplacer l'urètre vers le haut - vous devrez contracter les muscles du bas-ventre et du sphincter urétral. Cette contraction est la même lorsque vous essayez de retenir l'envie d'uriner. Les testicules chez les hommes et les lèvres chez les femmes se déplacent légèrement vers le haut lorsque vous effectuez la contraction.

-Khechari Mudra

Ce Mudra est fondamental dans la pratique de GPBALANCE.

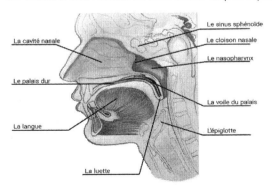

La cavité nasale
Le palais dur
La langue
La luette
Le sinus sphénoïde
Le cloison nasale
Le nasopharynx
La voile du palais
L'épiglotte

Toute la pratique de GPBALANCE se fait en l'utilisant. La fonction la plus importante de ce Mudra est d'éveiller l'énergie spirituelle. Il est étroitement lié à la respiration Ujjay. Hatha Pradipika parle élogieusement de ce Mudra:

«Lorsque la langue est pliée vers le haut pour appuyer sur le palais mou, il est possible de contrôler les canaux d'énergie Ida, Pingala et Sushumna Nadi. Ce point s'appelle Vyoma Chakra ». Il dit aussi, "le yogi qui garde la langue dans Kechari Mudra se libérera des toxines et des maladies et restera toujours lucide". On dit que ce Mudra influence toutes les glandes endocrines car il contrôle les sécrétions du cerveau sous l'influence d'Ajneya Chakra, le centre d'énergie qui commande les glandes principales. On dit aussi qu'il affecte l'hypothalamus et la moelle allongée en charge de contrôler la respiration, les battements cardiaques, les émotions, la faim et la soif.

Au début, il est un peu inconfortable de garder la langue pliée en appuyant vers l'arrière sur le palais mou, près ou en contact avec la luette, mais après un certain temps, on fait toute la pratique de GPBALANCE avec Khechari Mudra. Mais quel est le but de cette luette? Il existe de nombreuses théories: elle permet de produire des sons nasillards comme dans le cas des langues française et arabe. Elle aide également à maintenir la gorge lubrifiée car elle produit une forme fine de salive. Une autre théorie est que cela empêche la nourriture d'atteindre le nez. On pense également que cela aide au réflexe de vomir, et enfin, que cela pourrait être une barrière immunologique.

Ce que l'on sait avec certitude, c'est que cela réduit l'apnée obstructive sévère du sommeil et les ronflements. Khechari Mudra est mieux pratiqué l'estomac vide car il pourrait produire de la constipation puisque le Prana nécessaire à la digestion des aliments n'arrive pas correctement aux chakras inférieurs. Il est recommandé de pratiquer Ujjayi Pranayama avec Khechari Mudra pendant au moins 10 minutes. La pratique régulière aide à réduire le rythme respiratoire.

3. Asanas

La troisième section de GPBALANCE est dédiée aux Asanas telles que nous les comprenons aujourd'hui, bien que dans les deuxième et quatrième parties nous les pratiquions également, mais d'une manière différente. Ce sont des outils importants car ils éliminent tous les blocages praniques et stimulent les chakras en aidant à rééquilibrer et à élever le niveau de Prana dans différentes zones du corps. En pratiquant les asanas, l'esprit devient automatiquement calme et stable. Les asanas préparent le corps à la méditation.

Les asanas que nous utilisons dans GPBALANCE augmentent la flexibilité de la colonne vertébrale, tonifient les muscles abdominaux, réduisent les niveaux de stress et régulent le système endocrinien pour rétablir l'équilibre hormonal.

4. Prana

Expliqué dans le chapitre suivant.

5. Nadis

«Nadi» signifie «tube», «canal». Ce sont des canaux invisibles qui transportent le Prana dans tout le corps. On pourrait dire qu'ils font avec de l'énergie ce que les veines font avec le sang. Sur les 72 000 Nadis, trois sont les plus importants: Sushumna, qui traverse le milieu de la colonne vertébrale, de sa base au sommet de la tête transportant l'énergie Kundalini; Ida, qui longe le côté gauche de Sushumna, l'énergie féminine, passif et froid, lié à la lune. Il commence dans Muladhara Chakra et se termine à la narine gauche, l'entrée de l'énergie lunaire; Pingala, le canal solaire qui court sur le côté droit de Sushumna. Il représente la chaleur, l'énergie masculine. Il commence dans Muladhara Chakra (chakra racine) et se termine à la narine droite, l'entrée de cette énergie solaire.

6. Sankalpa

«Sankalpa» est une intention formée par le cœur et l'esprit, un vœu solennel, une détermination ou une volonté. En termes pratiques, cela signifie une résolution unique de se concentrer à la fois psychologiquement et philosophiquement sur un objectif spécifique. Un Sankalpa est un outil destiné à affiner la volonté, à se concentrer et à harmoniser l'esprit et le corps. Nous faisons un Sankalpa au début de la pratique et à la fin, au début de la méditation ou de la relaxation. Un exemple de Sankalpa pourrait être «Je vais guérir de cette maladie».

7. Chakras

Ce sont des roues d'énergie ou de puissance spirituelle. Les textes du Hatha Yoga mentionnent 7. Chacun a un symbole, une vibration, une couleur et un son. En outre, chacun régit différents aspects de notre corps et de notre psyché. Ils sont un outil important dans GPBALANCE.

Sahasrara *Cerveau, crâne, glande pinéale*

Agneya *Nez, oreilles, yeux, vue, cervelet, hypophyse*

Vishuddi *Voix, gorge, bronches, poumon supérieur, thyroïde, parathyroïde*

Anahata *Poumon inférieur, cœur, peau, mains, thymus, circulation*

Manipura *Foie, estomac, bile, pancréas, système nerveux autonome*

Swadhisthana *Organes reproducteurs, reins, ovaires, système digestif, prostate, testicules, glandes sexuelles*

Muladhara *Colonne vertébrale, os, jambes, rectum, intestin, sang, glande surrénale*

Les chakras sont un système énergétique. Ils font partie du corps subtil, ou corps de lumière, également appelé «aura». Ils se rapportent au corps physique à travers les glandes, le système nerveux et tous les organes du corps. D'où l'importance d'avoir ces centres énergétiques bien alignés. Ils sont toujours actifs, même si nous n'en sommes pas conscients. Pour cette raison, tout déséquilibre dans les chakras affecte les systèmes glandulaire, nerveux et organique.

GPBALANCE · Yoga Hormonal · Libro Diez · El Método

Les chakras peuvent être activés, stimulés et équilibrés en faisant des exercices psychophysiques comme dans GPBALANCE.

Les changements dans l'énergie subtile affectent le corps physique et biologique. Par exemple, si le chakra de la gorge est bloqué, vous pourriez développer une douleur dans la gorge, une laryngite ou une douleur au cou. Ou, si le chakra du cœur est déséquilibré, la pression artérielle peut varier ou entraîner des problèmes cardiaques. Chaque chakra régit une glande.

De bas en haut:
Premier Chakra, (Chakra racine), MULADHARA. (LAM).

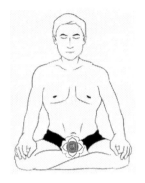 

Régule le fonctionnement des glandes reproductrices chez l'homme et la femme. Il influence également le fonctionnement des reins et de la colonne vertébrale. On dit que les reins sont là où se cache la peur qui nous rend faible. Il est important de trouver l'origine d'une émotion désagréable pour s'en débarrasser. Si nous ne le faisons pas, ce chakra, qui est le chakra racine, déséquilibrera tous les autres. La peur est l'émotion qui nous avertit lorsqu'il y a un danger, par conséquent, elle est utile, mais lorsque la peur est irrationnelle, elle nous affaiblit.

Ce chakra se rapporte à la sécurité dans tous ses aspects, mais plus particulièrement à l'instinct de survie. Il s'agit de pouvoir couvrir nos besoins de base comme avoir un logement et de la nourriture. Ce chakra est associé au fait d'avoir des enfants, une famille. L'élément qui la gouverne est la Terre. Le besoin de prendre soin de nous, l'individualité.

La couleur symbolique de ce chakra est le rouge qui représente la passion, l'instinct et le désir. Elle est étroitement liée à notre sang et elle est souvent associée à la rage. Il est également lié à la sexualité, non seulement aux organes physiques, mais à notre attitude envers le sexe. C'est notre nature intuitive, il est en relation avec notre santé physique, notre résistance et vitalité.

Deuxième chakra, (Chakra sacré), SWADHISTHANA (VAM).

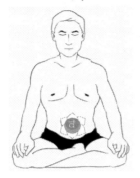

Les sensations, le plaisir, la sexualité et la reproduction sont les domaines régulés par ce chakra. C'est le centre de la créativité à tous les niveaux. Il agit sur la vessie, la prostate, les ovaires, les reins, la vésicule biliaire, les intestins et la rate. Il est important de débloquer ce chakra lorsqu'il y a des problèmes sexuels. Si les gonades ne fonctionnent pas correctement, des problèmes tels que la frigidité, l'impuissance, les troubles du cycle menstruel, les candidoses, les problèmes d'ovaire et les problèmes émotionnels tels que le rejet ou l'exacerbation de la sexualité, peuvent apparaître. La couleur symbolique de ce chakra est orange. Symbolise les émotions, le besoin de les exprimer. Il est également associé à la créativité et à la volonté de changer et de s'adapter. C'est notre centre de magnétisme, notre capacité à attirer les choses et les gens.

G.P.BALANCE . Yoga Hormonal . Libro Diez . El Método

Troisième chakra, (centre pancréatique), MANIPURA (RAM).

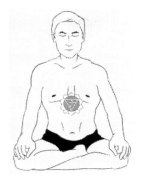

Il se trouve au niveau du plexus solaire (bouquet de têtes nerveuses qui régule la fonction digestive et est très sensible aux tensions émotionnelles). Il représente le pouvoir et l'ambition personnelle, le dynamisme et l'énergie qu'il distribue à tout le corps. On dit que c'est le chakra du politicien. Affecte la fonction du pancréas, de la rate, des intestins, du foie, de la vésicule biliaire, de la vessie, de l'estomac et de la colonne vertébrale. Les problèmes digestifs sont souvent liés à notre incapacité à gérer la vie elle-même. Lorsque nous ne pouvons pas décider, la digestion est affectée. La rage et la colère sont associées au foie, les soucis, avec la rate, le ressentiment et les douleurs, avec la vésicule biliaire. Simplement penser que la vie n'a pas été juste avec nous affecte le pancréas. La couleur symbolique de ce chakra est le jaune.

Quatrième chakra, (centre du cœur), ANAHATA (YAM).

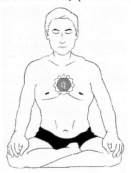

Il se rapporte au cœur, aux poumons et au plexus cardiaque, bien que sa glande associée soit le thymus. Il représente l'affectivité, les sentiments, la dévotion et l'amour inconditionnel. On dit que c'est le chakra du poète.

Avoir ce Chakra bien équilibré garantit un bon fonctionnement du système immunitaire. La couleur symbolique de ce chakra est le vert. Cette couleur représente une nature humanitaire et compatissante. Il est lié aux cycles naturels et aux rythmes de la vie. C'est la couleur de la guérison. Normalement, les gens qui montrent une aura verte, «parlent du cœur» et peuvent être très expressifs avec leurs mains tout en parlant.

Cinquième chakra, (centre thyroïdien), VISHUDDHA (HAM).

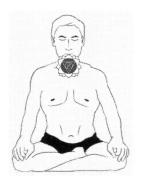 

Cou, gorge, larynx. Communication et matérialisation des pensées. On dit que c'est le chakra de l'artiste et du communicateur. Affecte la fonction du tube bronchique, des cordes vocales, du système respiratoire et de toutes les parties de la bouche, y compris la langue et l'œsophage. Lorsque ce chakra est déséquilibré, il peut produire de l'insomnie, des problèmes de poids, une chute de cheveux, de la tension artérielle, des changements d'humeur, des problèmes avec les cordes vocales, des douleurs musculaires et des maux de tête. Peut aussi provoquer l'engourdissement des articulations, des troubles sexuels, la sécheresse cutanée, etc. Sur le plan émotionnel on peut avoir des problèmes pour communiquer avec les autres, de la timidité, un manque de confiance et de la tristesse. La couleur symbolique de ce chakra est le bleu. Le bleu est la couleur de la communication et de l'expression. Il agit selon la capacité de chaque personne à exprimer librement ses opinions, ses désirs ou ses nécessités.

Sixième chakra, (centre de la glande pituitaire), AGNEYA (OM).

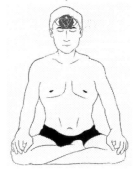

Troisième œil. Activité mentale, des pensées analytiques aux capacités supérieures d'intuition et de sagesse. Perception extrasensorielle et télépathie. Aristote était convaincu que l'hypophyse ou l'hypophyse pouvait sécréter du flegme, «pituita», en latin. Ce chakra est connecté aux yeux, aux glandes pituitaires et pinéales. Lorsque ce centre énergétique est déséquilibré, de nombreux problèmes et maladies graves peuvent survenir. La couleur symbolique de ce chakra est l'indigo. L'indigo ou violet foncé est la couleur du troisième œil et est associé au mysticisme et à la magie. Intuition, compétences psychiques, imagination créative.

Septième chakra, (centre de la glande pinéale), SAHASRARA (OM).

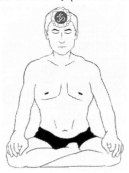

Illumination, vide... rien et tout existe. Ce chakra est lié à la connaissance intuitive de la conscience. Il est situé au sommet de la tête. Il affecte la fonction de la moelle allongée. Son action est affaiblie par la consommation de caféine, d'alcool et surtout par le stress. La couleur symbolique de ce chakra est le violet. C'est une couleur mystique, spirituelle, même utilisée par l'Église catholique. Sagesse et paix.

8. Bandhas

Ce sont des verrous psychiques utilisés pour élever le niveau de Prana et inverser la direction du flux pranique.

Par exemple, Mula Bandha inverse le flux descendant d'Apana et l'envoie vers le haut, tandis que Jalandhara et Uddiyana Bandhas inversent le flux ascendant de Prana et l'envoient vers le bas. Ce renversement amène Apana et Prana à se rencontrer à Samana et provoque un réveil du Prana dans cette région.

Nous utilisons principalement ces trois bandhas: Mula, Uddiyana et Jalandhara.

-Mula Bandha:

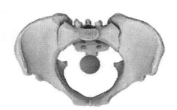 Est l'action de contracter la zone du périnée et de l'aspirer. Certaines personnes ont des difficultés à identifier les muscles du plancher pelvien. Pour les femmes, apprendre à développer des muscles vaginaux forts peut augmenter le plaisir sexuel.

Mula Bandha (le verrouillage des racines dans le yoga) est un moyen d'utiliser les muscles de votre plancher pelvien pour rassembler votre pratique de presque toutes les manières. Cela vous aidera à protéger votre dos des blessures lors des postures en arrière et à faciliter l'accès et le maintien de vos inversions et de vos équilibres sur les bras. La bonne pratique de Mula Bandha rend le corps léger, cohérent et plus facile à contrôler. Si vous ajoutez une pratique de pranayama et de méditation, Mula Bandha peut également être un moyen d'influencer un changement dans votre énergie, votre esprit et vos émotions. C'est le pivot de la pratique, l'un des piliers clés de votre pratique.

Pourtant, ce «blocage des racines» est une source de confusion permanente et même de débat poétique. Le seul et unique gourou de l'Ashtanga Vinyasa, Pattabhi Jois a conseillé à ses élèves de "serrer l'anus», mais la plupart des professeurs s'accordent à dire que Mula Bandha est plus proche du périnée ou du col de l'utérus. Une analyse rapide sur Internet vous montrera que la plupart des articles ne font pas la distinction entre l'anatomie masculine et féminine. Il est courant de donner simplement la version masculine des choses, mais mal. Mula Bandha est également confondue avec une autre pratique distincte de compression de l'urètre appelée «Vajroli Mudra». Chacune de ces techniques, Mula Bandha, Ashwini mudra et Vajroli Mudra sont toutes distinctes et ont leurs propres raisons d'application. Mula Bandha est le plus important de tous.

Premièrement, Mula Bandha, à un niveau purement physique, est l'activation des muscles du bas-ventre (transverse abdominal) et du plancher pelvien. Il ajoute une pression intra-abdominale et aide à étendre la colonne vertébrale en réduisant les courbes du dos.

La tâche spécifique de la «Mula» (racine) est différente chez les hommes et les femmes - chez les hommes, Mula Bandha commence au périnée, tandis que chez la femme Mula Bandha commence au col de l'utérus. L'instruction de Mula Bandha, lorsqu'elle est semi-précise, consiste à «soulever» le périnée ou le col de l'utérus, est une instruction qui, lorsqu'elle est donnée ainsi, ne donnera aucun résultat satisfaisant. En tant qu'homme, il est quelque peu difficile de «soulever le périnée» de manière indépendante et d'après ce que mes amies me disent, il en va de même pour les femmes. J'ai essayé pendant des années, sur la base d'instructions inadéquates, de «soulever le périnée» pour trouver Mula Bandha mais c'était une affaire de hasard et presque impossible à maintenir tout au long d'une pratique. Ce qui est nécessaire, mais pas souvent expliqué, est de coordonner doucement la traction du nombril vers l'arrière tout en engageant le plancher pelvien. Plus précisément, c'est la partie entre votre nombril et votre os pubien et c'est l'action du muscle transverse abdominal.

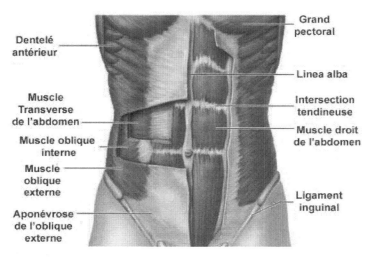

Dentelé antérieur

Grand pectoral

Linea alba

Muscle Transverse de l'abdomen

Intersection tendineuse

Muscle oblique interne

Muscle droit de l'abdomen

Muscle oblique externe

Aponévrose de l'oblique externe

Ligament inguinal

Le transverse abdominal est une bande profonde de muscle central qui s'enroule autour du ventre et stabilise la colonne vertébrale comme un corset, en resserrant la taille. C'est ce que vous contracteriez si vous zippez un jean moulant. C'est ce que vous sentez se contracter dans le bas du nombril lorsque vous toussez.

Le transverse abdominal a un rôle énorme dans la force de votre plancher pelvien et forme une connexion avec le plancher pelvien. Les deux fonctionnent en synergie - si vous voulez obtenir plus de traction dans le plancher pelvien, utilisez le TA. Si vous souhaitez obtenir plus d'activation du TA, remontez votre plancher pelvien. Cela nous montre clairement que nous avons besoin d'un TA fort si nous voulons avoir un bon Mula Bandha. De plus, le développement du muscle transverse abdominal aidera à aplatir votre estomac et à paraître légèrement plus grand et plus aligné.

Lorsqu'on leur demande de tirer le nombril en arrière, il est courant que les gens arrondissent le dos. Mais ce n'est pas le TA - c'est plutôt l'action du muscle droit de l'abdomen, un muscle plus superficiel que nous considérons comme nos muscles «six pack». Cette gaine de muscle tire le dos en flexion (dos arrondi) et / ou le bassin en repli (inclinaison postérieure). En revanche, le TA ne bouge pas du tout votre bassin ou votre cage thoracique lorsqu'il se contracte - il raffermit votre abdomen comme un corset. En bref, si votre bassin bouge ou votre colonne vertébrale tourne, vous utilisez le muscle droit de l'abdomen et non le transverse abdominal.

Le triangle du plancher pelvien

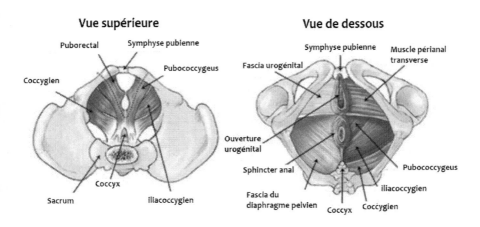

Vue supérieure

Puborectal — Symphyse publenne — Pubococcygeus — Coccygien — Sacrum — Iliacoccygien — Coccyx

Vue de dessous

Symphyse publenne — Muscle périanal transverse — Fascia urogénital — Ouverture urogénital — Sphincter anal — Pubococcygeus — iliacoccygien — Fascia du diaphragme pelvien — Coccyx — Coccygien

Un Mula Bandha développé fera toute la différence dans votre yoga. Cela facilitera le maintien de l'équilibre dans les inversions et les équilibres des bras de même qu'il protégera votre dos dans les flexions arrière. Il y a aussi beaucoup plus à dire sur la façon dont Mula Bandha affecte le flux d'énergie en l' élevant et, ce faisant, cultive l'énergie nécessaire pour que les chakras s'ouvrent. Il se révélera progressivement à travers les étapes au fur et à mesure que vous pratiquez.

-**Uddiyana Bandha:** Expliqué dans le prochain chapitre

-**Jalandhara Bandha**: Il est également appelé «verrouillage du menton». Ce sceau se produit lorsque vous abaissez votre menton, mais pas votre tête. La forme la plus extrême de le réaliser est dans Salamba Sarvangasana.

9. Visualisation et Concentration

Ils aident à développer la capacité de percevoir et d'expérimenter le plan interne, ce qui est trop subtil pour être saisi par les sens externes. La visualisation, la concentration et l'imagination créent une image mentale d'une partie ou d'un organe investi d'énergie.

10. Meditation (Contemplation):

Expliqué dans le prochain chapitre

11. Neo-Tummo

Expliqué en détail dans le livre 4. La technique elle-même est expliquée ci-dessous.

12. Yoga Nidra

La première raison pour laquelle il s'agit d'un outil important dans GPBALANCE, est parce qu'il vous apprend à vous détendre. Vous savez peut-être que votre corps est tendu et que vous ressentez une raideur ou une sensation d'oppression dans différentes zones, mais vous ne savez pas comment vous détendre profondément. Peut-être pouvez-vous détendre vos muscles, mais la tension intérieure demeure. Dans le Yoga Nidra, vous apprenez à vous détendre à un niveau beaucoup plus profond et pas seulement le corps physique, mais aussi le corps pranique, les émotions, l'esprit et la psyché. Nous dirigeons normalement notre conscience vers les chakras.

III
Les techniques de
GPBALANCE

«Veuillez éviter les ⦁iscussions théoriques et philosophiques et centrez vos questions sur ⦁es sujets liés à votre pratique réelle.»

S N Goenka

Veuillez noter qu'il faut environ 50 heures pour apprendre les techniques. Si vous débutez le yoga, peut-être un peu plus longtemps. La théorie des formations d'enseignants est de la responsabilité des étudiants qui doivent étudier, lire et faire des recherches. Ensuite, les élèves doivent poser des questions pour dissiper les doutes ou pour approfondir leurs connaissances. Pas besoin de passer du temps et de l'argent à m'écouter, quand tout est dans les livres. La méthodologie que nous utilisons est simple: une fois que vous apprenez une section (cela peut vous prendre 8 à 10 heures), vous devez enseigner cette section à vos camarades, et vice versa. C'est une excellente façon d'essayer ce que vous avez appris.

Première Section

(Assis dos droit et idéalement, les yeux fermés)

"Une séquence ◦e techniques et ◦e postures est une routine, un rituel.
Il y a un énorme pouvoir ◦ans les rituels."

Dans cette première section ainsi que dans la dernière, nous soulignons l'importance de s'asseoir correctement avec le dos droit. Pour ce faire, choisissez la bonne hauteur de votre coussin car les hanches doivent être dans la même ligne que vos genoux ou un peu plus haut pour éviter une gêne dans le corps. Nous recommandons «Sukhasana» (la posture facile) ou similaire. S'asseoir droit apporte une tranquillité physique suivie d'une paix mentale. Dans cette section, nous faisons les techniques suivantes:

1. Kaya Sthairyam
2. Sankalpa
3. Bija Mantras
4. Prana Vidya
5. Kapalabhati
6. Bhastrik 1
7. Bhastrik 2
8. Torsion de la colonne vertébrale

GPRALANCE Yoga Hormonal. Libro Díaz - El Método

1. Kaya Sthairyam

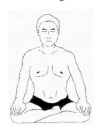

«L'immobilité corporelle» implique la concentration sur la stabilité du corps pour induire la stabilité de l'esprit, conduisant au calme pur. Kaya Sthairyam est la première pratique que nous faisons lorsque nous entrons dans «Pratyahara», l'intériorisation des sens, le cinquième «Anga» de l'Ashtanga Yoga de Patanjali. C'est une pratique de concentration de base sur la stabilité du corps. «Kaya» signifie le corps et "Sthairyam" stabilité. Lorsque le corps devient stable, l'esprit l'est aussi. Pour cette raison, toujours, lors de la pratique du yoga, nous devons consacrer au moins 5 à 10 minutes à cette pratique. Il n'est pas possible de méditer si nous n'avons pas d'abord immobilisé notre corps. Si le corps bouge, l'esprit bouge également.

2. Sankalpa

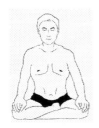

Comme nous l'avons vu ci-dessus, c'est l'un des outils importants de GPBALANCE. Observez tranquillement votre respiration naturelle pendant quelques secondes et faites un «Sankalpa» mental. Trois fois et passez à la technique suivante.

3. Bija Mantras

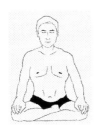

Les religions de l'Inde partagent l'opinion que l'univers a son origine dans le son, un son unique -OM- la source de tout ce qui existe. Nombreux sont les Upanishads qui comparent l'OM à Brahman, l'absolu. OM est la graine mère de tous les mantras. Le yoga du son et de sa vibration s'appelle «Nada». Les «Bija Mantras» n'ont pas de sens en eux-mêmes car ils sont la vibration d'un chakra. Par exemple, «RAM» symbolise le feu et la concentration du pratiquant qui le récite doit être dans Manipura Chakra». Il existe plusieurs types de Bija Mantras. Certains d'entre eux sont appelés «Shakti Mantras» (Hrim, Aim, Klim, Hum, Shrim, etc.). Ils aident à déplacer les énergies qui guérissent. Dans notre pratique de GPBALANCE, nous concentrons notre attention sur les éléments:

OM Couronne de tête

OM Froncer les sourcils

HAM Base de la gorge sur la colonne vertébralel

YAM Centre cardiaque dans la colonne vertébrale

RAM Hauteur du nombril dans la colonne vertébrale

VAM Un pouce ou deux au-dessus de la base de la colonne vertébrale

LAM Base de la colonne vertébrale

LAM: Terre, région génitale, premier Chakra, MULADHARA, couleur rouge.

VAM: eau, plexus coccyx, deuxième chakra, SWADHISTANA, couleur orange..

RAM: Feu, plexus solaire, troisième Chakra, MANIPURA, couleur jaune.

YAM: Air, plexus cardiaque, quatrième Chakra, ANAHATA, couleur verte.

HAM: Espace, plexus du pharynx, cinquième chakra, VISHUDHI, couleur bleue.

OM: Espace entre les sourcils, sixième Chakra, AGNEYA, couleur indigo.

OM: Au sommet de la tête, septième Chakra, SAHASRARA, couleur violette.

GPBALANCE. Yoga Hormonal. Libro Diez. El Método

1. Expirez doucement tout l'air de vos poumons. Ensuite, inspirez profondément.

2. Récitez 7 fois les Bija Mantras durant une expiration, en vous concentrant sur chaque chakra tout en visualisant sa couleur et son emplacement.

3. Continuez mentalement encore 7 fois. Aucun effort n'est nécessaire: ils se répéteront d'eux-mêmes.

4. Sans ouvrir les yeux, continuez avec la deuxième technique: Prana Vidya.

Remarque: Lorsque vous pratiquez les Bija Mantras, faites attention à la vibration qu'ils produisent. Cette vibration, comme nous l'avons vu dans le livre 4, produit une plus grande quantité d'Oxyde nitrique (NO)

4. Prana Vidya (Chakras et Bija Mantras)
(Connaissance du Prana)

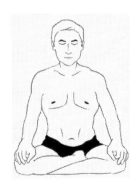

Prana Vidya est une pratique yogique avancée concentrée à partir des traditions classiques et développée dans le système Satyananda Yoga. Cela implique une exploration approfondie du Prana et développe la capacité de canaliser ce principe sous-jacent d'existence. Non seulement la pratique permet d'accéder à des niveaux subtils de conscience, mais c'est une méthode de guérison efficace. Prana Vidya est la technique utilisée dans la «guérison pranique». La pratique guide systématiquement le pratiquant vers la maîtrise de la direction de la force vitale, Prana.

Les rishis indiens, les taoïstes chinois et les moines tibétains ont pratiqué diverses formes de guérison énergétique pendant des milliers d'années. Il était largement pratiqué dans les premières civilisations de la Chine, de l'Égypte et de l'Inde, et dans de nombreuses autres parties du monde.

Le but de toutes les pratiques yogiques et spirituelles est de libérer la grande puissance cosmique ou «Kundalini Shakti» qui se trouve enroulée trois fois et demie dans le Muladhara Chakra. Le processus d'éveil de cette force, ou PRANA, est décrit dans les Écritures comme «Le vol d'un oiseau qui monte de la terre au ciel, lié à un fil d'or». La terre est Muladhara Chakra et le ciel est Ajneya Chakra, l'oiseau est Mahaprana et le fil d'or est Sushumna Nadi qui traverse le centre de la colonne vertébrale. En manipulant, en stockant et en développant le Prana dans le corps, il est possible de réveiller la Shakti endormie. C'est un objectif fondamental des sciences yogiques du Pranayama (élargir les dimensions du Prana) et du Prana Vidya (connaissance ou science du Prana).

Prana Vidya est l'aboutissement de nombreuses années de pratique du yoga. Cela semble techniquement simple et ça l'est, pour ceux qui ont éveillé Prana Shakti et fait évoluer leur conscience. Cependant, pour la plupart d'entre nous, c'est insaisissable.

Ujjay Pranayama avec Khechari Mudra est utilisé pour faciliter l'éveil et la distribution du Prana.

Dans GPBALANCE, la pratique de Prana Vidya, la quatrième technique, est une approche très simpliste de cet outil complexe et important du yoga, mais tout de même, cela vous donnera un petit avant-goût et cela peut éveiller votre intérêt à en savoir plus. Le but de cette technique est d'éveiller les chakras, les centres d'énergie dormants.

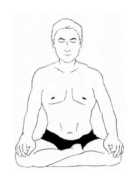

1. Il est important de s'asseoir dans une posture stable, en restant immobile pour visualiser le mouvement du Prana. Tout mouvement physique rompra la concentration et la vision intérieure sera perdue. Commencez par «Kaya Sthairyam» ou «la stabilité du corps".

2. Visualisez les chakras qui brillent comme des diamants.

3. Centrez votre esprit sur Muladhara Chakra, et dites mentalement LAM et commencez à inspirer.

4. Toujours avec la même inspiration, en utilisant Ujjay et Khechari Mudra, portez votre attention sur Swadhistana Chakra sur la colonne vertébrale et dites mentalement VAM; continuez vers Manipura dans le dos et dites mentalement RAM; continuez avec la même inspiration à Anahata et dites YAM; puis à Vishuddhi et dites HAM et enfin à Sahasrara et Agneya et dites mentalement OM.

5. Avec une expiration, commencez à Vishuddhi, HAM, mais cette fois en descendant votre conscience par l'avant de votre tronc, puis Anahata, YAM, et continuez vers Manipura, RAM et Svadhistana, VAM, et terminez votre expiration à Muladhara, LAM. C'était 1 respiration, une boucle fermée.

6. À la prochaine commencez à inspirer en Swadhistana, VAM et terminez à Agneya, OM et l'expiration commence à Vishuddhi, HAM et se termine à Muladhara, LAM.

7. Nous faisons un total de 7 respirations en déplaçant et en faisant tourner la conscience et en déplaçant le Prana à travers les Chakras.

8. Lorsque nous avons terminé, observez simplement le calme de votre esprit.

5. Kapalabhati

Kapalabhati, ainsi que Bhastrika sont considérés comme des "nettoyants pulmonaires".

L'origine de cette technique est née par le souhait d'augmenter le niveau d'énergie dans la région abdominale. L'accent est mis sur les expirations. Certaines écoles diffèrent par la vitesse et la quantité d'expirations. Personnellement, je pense que plus, mieux c'est, mais avec du rythme et sans perdre de force. Kapalabhati est l'un des «Shat Karmas» (six pratiques ou rites). Il rajeunit le foie, la rate, le pancréas et tonifie les muscles abdominaux améliorant la digestion. Il aide le système immunitaire et nettoie les voies nasales. En outre, il développe considérablement vos poumons et tonifie le diaphragme; élimine le dioxyde de carbone et les impuretés dans le sang. Il stimule la respiration cellulaire en produisant de la chaleur dans le corps. Active le péristaltisme en aidant les personnes souffrant de constipation. Il a des effets profonds sur le système nerveux, en particulier le neurovégétatif; il aide les personnes ayant des problèmes de sinus. Après quelques minutes, vous vous sentez très éveillé et énergique.

Lorsque l'air est expulsé avec force par le nez, le son est comme lorsque vous vous mouchez fortement. «Kapala» signifie crâne et «Bhati», briller. Faire briller le crâne. B.K.S. Iyengar dit «l'inspiration est douce et l'expiration forte. Pratiquez Kapalabhati si Bhastrika est trop difficile ».

Kapalabhati n'est pas recommandé pour la fin de journée, cela vous garderait éveillé la nuit.

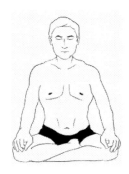

1. Asseyez-vous dans une position confortable les jambes croisées et le dos droit. Si cela vous est difficile, asseyez-vous sur une chaise.
2. Observez votre respiration naturelle jusqu'à ce qu'elle se calme.
3. Faites Mula et Jalandhara Bandha ainsi que Khechari Mudra.
4. Inspirez sans effort et expirez avec force tout l'air de vos poumons sans pencher le corps. Avec l'expiration, le nombril s'aplatira contre la colonne vertébrale. Détendez l'abdomen et l'inspiration se fera naturellement, d'elle-même. Ne vous inquiétez pas de l'inhalation.

5. Continuez à expirer avec force par le nez, d'abord lentement et progressivement, faites-le plus vite, mais pas trop vite, jusqu'à ce que vous trouviez votre rythme. Une fois que vous l'avez trouvé, vous pouvez faire autant d'expirations que vous le souhaitez. Arrêtez lorsque vous êtes fatigué. Il est possible que vos muscles du bas du dos se fatiguent en premier.

6. Idéalement, ne faites pas moins de 108 expirations. Augmentez la quantité graduellement.

7. Après la dernière expiration, retenez votre souffle poumons vides, si possible, sans stress, idéalement pendant 1 minute, puis inspirez et retenez votre souffle poumons pleins pendant 20 secondes. L'explication et le but de cette action seront expliqués lorsque nous pratiquerons Neo-Tummo, une variante de Tummo Pranayama. Tout en retenant la respiration avec les poumons vides, nous faisons ce qu'on appelle «micro orbite», une sorte de Prana Vidya. Cela sera également expliqué plus tard.

   Remarque: pour initier la rétention du souffle, une fois que vous avez expiré l'air de vos poumons, avalez votre salive pour immobiliser votre diaphragme.

8. Au début, vous ferez peut-être deux ou trois séries de 30 ou 40 expirations. Une fois que vous vous serez habitué, une seule fois avec de nombreuses expirations suffira.

9. Portez votre attention dans Manipura et Ajneya Chakra.

10. Lorsque vous avez terminé, restez quelques minutes à observer tranquillement votre esprit.

Tant dans Kapalabhati comme dans Bhastrika, commencez lentement si vous avez une pression artérielle basse ou élevée. Il est déconseillé de pratiquer la nuit. Cela vous tiendra éveillé. Ne pratiquez pas si vous avez des problèmes pulmonaires comme l'emphysème (accumulation pathologique d'air dans les tissus et les organes du corps. Cela rend la respiration difficile et peut produire une toux chronique). Ne pratiquez pas si vous êtes enceinte ou si vous avez vos règles. De plus, ce n'est pas recommandé si vous avez des problèmes cardiovasculaires ou des problèmes de rétine.

6. Bhastrika 1

La respiration du soufflet ou respiration du feu peut se faire par une seule narine, en utilisant la main pour bloquer l'autre narine. Tel est le cas d'Eka Surya Bhedana et Eka Chandra Bhedana que nous verrons dans la deuxième partie. Mais, dans cette première section, nous inspirons et expirons par les deux narines. L'inspiration et l'expiration se font vigoureusement. C' est un Kriya crânien. Le diaphragme bouge rapidement et la respiration se ressent dans la partie supérieure de la poitrine, nous levons donc les bras. Bastrika n'est pas recommandé en fin de soirée, cela vous garderait éveillé la nuit.

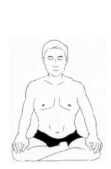

1. Levez les bras et unissez l'index avec le pouce de chaque main. Bras tendus, omoplates vers le bas.

2. Langue en Khechari Mudra.

3. Mula et Jalandhara Bandha.

4. Le son est le son d'un soufflet qui s'ouvre et se ferme juste un peu, mais rapidement. C'est ce qu'on appelle la "respiration du feu" dans le yoga Kundalini.

5. Après avoir fait un minimum de 20 respirations (idéalement 54), joignez les pouces en les tirant l'un vers l'autre et étirez le corps et les bras vers le plafond, en gardant les fesses au sol et les omoplates jointes. Retenez le souffle et effectuez Shambhavi Mudra .

6. Lorsque vous expirez, amenez vos mains en Namaskar et répétez le numéro 5. Cette fois, changez le sens de verrouillage des pouces lorsque vous retenez votre souffle.

7. Bhastrika 2

Ce type de respiration est connu sous le nom de «Bhastrika» (ci-dessous) dans la plupart des traditions de yoga. Lorsque nous inspirons, l'abdomen se dilate et nous détendons le plancher pelvien et lorsque nous expirons, l'abdomen et le plancher pelvien se contractent. Cette respiration fonctionne à merveille si elle est faite de manière rythmique. Dans certaines techniques, le plancher pelvien est maintenu contracté.

Il n'est pas recommandé de la pratiquer en fin de journée. Cela vous garderait éveillé la nuit.

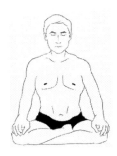

1. Asseyez-vous avec le dos droit et les jambes confortablement croisées. Les mains sur les jambes, pouce et index ensemble. Asseyez-vous toujours sur un coussin ou une couverture bien pliée.

2. Avant de commencer à respirer, observez simplement votre respiration naturelle pendant quelques instants.

3. Lorsque vous inspirez, votre abdomen va vers l'avant; en expirant, vers l'intérieur. Sur l'inspiration, détendez le plancher pelvien; lorsque vous expirez, contractez-le. Faites-le lentement au début jusqu'à ce que vous obteniez le bon rythme. Ensuite, ce sera assez facile et vous pourrez faire Bhastrika 2 autant de fois que vous le souhaitez. Plus il y en a, mieux c'est, mais je recommande un minimum de 108 fois. Le son sera le son d'un soufflet attisant les flammes.

4. Après la dernière expiration, retenez votre respiration poumons vides, si possible, sans stress, idéalement pendant 1 minute, puis inspirez et retenez votre souffle avec vos poumons pleins d'air pendant 20

secondes. L'explication et le but de cette action seront expliqués lorsque nous pratiquerons Neo-Tummo, une variante de Tummo Pranayama. Tout en retenant la respiration avec les poumons vides, nous faisons ce qu'on appelle un «micro orbite», une sorte de Prana Vidya. Cela sera également expliqué plus tard.

Remarque: Au début de la rétention sans air dans vos poumons, veuillez avaler un peu de salive.

5. Visualisez Muladhara, Svadhisthana, Manipura et Ajneya Chakra.

6. La langue en Khechari Mudra et le menton en Jalandhara Bandha.

7. Lorsque vous avez terminé, veuillez rester assis pendant quelques minutes à observer votre esprit.

Bhastrika 1 & 2 doivent être faits à jeun. Le meilleur moment est avant le petit déjeuner ou avant le dîner. Trois minutes par jour des deux techniques permettront à votre système glandulaire de fonctionner correctement, en particulier l'hypophyse et la glande pinéale, responsables de nombreuses fonctions hormonales.

Votre organisme deviendra plus équilibré et vous obtiendrez beaucoup d'énergie.

GPRAI ANCE · Yoga Hormonal · Libro Diez · El Método

8. Torsion Colonne Vertébrale

Cet exercice génère de la chaleur qui purifie les canaux subtils du corps le long de la colonne vertébrale. En même temps qu'il l'assouplit et l'hydrate. Tous les muscles, tendons et ligaments qui maintiennent la colonne vertébrale deviennent forts.

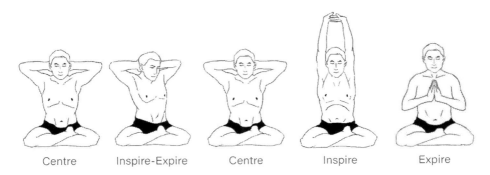

Centre   Inspire-Expire   Centre   Inspire   Expire

1. Asseyez-vous, le dos droit.

2. Entrelacez les doigts et placez les mains derrière la nuque.

3. Commencez à faire tourner la colonne vertébrale, d'abord lentement puis plus rapidement. Ne vous arrêtez pas brusquement. La tête suit la colonne vertébrale. Inspirez d'un côté et expirez de l'autre. Utilisez la respiration Ujjay et Khechari Mudra tout en gardant Mula Bandha.

4. Tournez votre colonne vertébrale 54 fois.

5. Concentrez-vous sur tous les chakras en même temps.

6. Lorsque vous avez terminé, inspirez profondément, étirez vos bras, paumes vers le haut, retenez votre souffle pendant quelques secondes, expirez et rapprochez vos paumes devant la poitrine.

7. Faites Shambabhi Mudra pendant quelques secondes.

8. Répétez les numéros 3, 4, 5, 6 et 7 une fois de plus, mais cette fois changez l'entrelacement de vos doigts lorsque vous étirez vos mains vers le plafond.

9. Vous avez terminé la première section. Toutes nos félicitations! S'il vous plaît restez tranquille pendant quelques minutes en savourant les merveilleuses sensations.

Deuxième section

(Allongé sur le dos, de préférence les yeux fermés)

Cette section est faite allongée sur le dos. Nous travaillons avec certaines des mêmes techniques de respiration que nous avons vues dans la première section tout en faisant des postures simples accompagnées de visualisations pour mobiliser l'énergie autour de la région pelvienne. Certaines des techniques les plus importantes de cette section comprennent la bascule du bassin. Le bassin est un anneau ostéoarticulaire fermé formé d'os et de trois articulations. Il conforme la base du tronc, soutient l'abdomen et fait l'union avec les membres inférieurs.

GPRA| ANOE . Yoga Hormonal . Libro Diez . El Método

Dans cette section, nous utilisons les techniques suivantes:

9. Bascule pelvienne
10. Torsion pelvienne
11. Exercice de Dinah
12. Demi pont
13. Prana-Apanasana
14. Papillon-Uddiyana Bandha
15. Torsion jambes pliées
16. Ardha Navasana
17. Cercles de jambes
18. Reverse Crunch
19. Eveil du Swadhisthana
20. Torsion bas du dos
21. Torsion de la colonne vertébrale
22. Supta Gomukhasana
23. Ardha Gomukhasana

9. Bascule Pelvienne

La bascule du bassin est probablement l'un des mouvements les plus anciens fait par les animaux et les humains pour procréer. La bascule du bassin se fait en synchronisation avec la respiration en se concentrant sur la base de la colonne vertébrale (Muladhara Chakra), la zone du coccyx (Swadhisthana Chakra) et le troisième œil (Ajneya Chakra). Il libère cette taille et ces hanches qui sont devenues rigides au fil des années et se sont chargées d'émotions négatives, notamment celles liées au sexe à cause de la répression imposée par la société. En anatomie, la bascule du bassin est appelée bascule antérieure / postérieure. La position normale doit être neutre.

L'inclinaison antérieure et postérieure exagérée du bassin est une perturbation biomécanique de l'équilibre du bassin. Dans la bascule antérieure, les os iliaques tombent vers l'avant et vers le bas et le sacrum monte et recule. Cela génère une lordose lombaire qui pourrait produire des douleurs, des tensions musculaires ou affaiblir la colonne vertébrale qui devient plus sujette aux hernies ou à une spondylose-spondylolisthésis. Cette perturbation est plus fréquente qu'on ne le pense, et elle s'observe principalement chez les jeunes femmes sédentaires avec une mauvaise posture et chez les individus des deux sexes en surpoids et obésité. Le poids de l'abdomen fait avancer et s'abaisser le bassin. Les muscles qui amènent le bassin à la bascule antérieure sont principalement le psoas iliaque, les érecteurs spinaux et le droit fémoral.

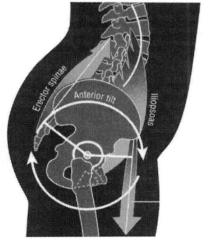

Bascule antérieure

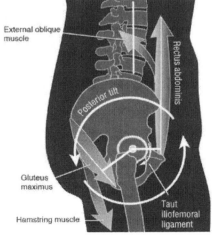

Bascule postérieure

Dans la bascule postérieure, les os iliaques tournent vers l'arrière et vers le haut tandis que le sacrum tourne vers le bas. La colonne vertébrale devient droite. Cette perturbation est moins fréquente que l'inclinaison antérieure et elle s'observe principalement chez les personnes âgées ou chez celles qui souffrent de maladies dégénératives telles que la spondylarthrite ankylosante. Les muscles qui amènent le bassin vers une inclinaison postérieure sont le grand droit de l'abdomen, les ischio-jambiers et le grand fessier.

Dans cette technique, nous renforçons les muscles et donnons de la souplesse à tous les muscles et ligaments de notre section médiane tout en éveillant cette zone importante de notre corps. Il y a là beaucoup d'énergie qui doit être extraite.

1. Allongé sur le dos, bras sur le côté du corps, les paumes vers le bas et les omoplates jointes, menton baissé et pieds séparés de la largeur du tapis. Kechari Mudra.

2. La région lombaire est légèrement décollée du sol

3. Lorsque vous expirez en Bhastrika 2, aplatissez votre dos contre le sol. En faisant cela, le coccyx se soulèvera naturellement. Contractez le plancher pelvien.

4. Pendant que vous inspirez, détendez le plancher pelvien et à nouveau l'espace sous la région lombaire sera créé.

5. Synchronisez le mouvement avec la respiration en créant un rythme.

6. Faites autant de fois que vous le souhaitez. Minimum 30 fois.

7. Concentrez-vous sur les chakras inférieurs et sur Ajneya lorsque vous terminez.

8. Détendez-vous et respirez normalement avant de passer à la technique suivante.

10. Torsion Pelvienne

Dans cette technique, seules les jambes bougent, ce qui donne flexibilité et souplesse à la taille et aux hanches. C'est très relaxant. Il est important de garder le rythme et de bien synchroniser le mouvement avec la respiration. C'est un mouvement doux qui calme l'esprit. La concentration et la visualisation doivent être sur les glandes surrénales.

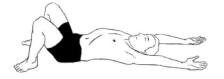 

1. Bras allongés derrière la tête et les omoplates rassemblées. Menton baissé, pieds séparés de la largeur du tapis. Kechari Mudra. N'appliquez aucun Bandha.

2. Gardez votre corps naturellement au sol.

3. Lorsque vous expirez, amenez les deux jambes d'un côté et lorsque vous inspirez de l'autre. Ne soulevez pas les omoplates. Rien ne bouge du nombril vers le haut. Les pieds restent au sol. Durée libre.

4. La respiration est Ujjay.

5. N'appliquez aucun Bandha. Détendez-vous et profitez-en.

6. L'attention est portée sur les chakras inférieurs et les glandes surrénales.

7. Faites des torsions pelviennes autant de fois que vous le souhaitez.

EQUILIBRE Yoga Hormonal. Libre Diaz. El Método

11. Exercice de Dinah

Cette technique est un hommage à Dinah Rodrigues pour sa grande contribution au yoga hormonal. Il a été légèrement modifié par rapport à la technique de Dinah. Appuyer la plante d'un pied sur le genou opposé étire d'un côté du corps permettant une meilleure concentration et visualisation. Dans cette technique, nous utilisons Eka Surya et Eka Chandra Bhedana.

Surya Bedhana: dans sa forme la plus simple, Surya Bhedana Pranayama se fait assis bien droit en inspirant complètement par la narine droite, en retenant la respiration, puis en expirant par la narine gauche. Pour aider ce pranayama, le yogi place l'index et le majeur de la main droite entre les sourcils, puis utilise l'annulaire pour fermer la narine gauche pour l'inhalation. Le pouce est utilisé pour fermer la narine droite pendant que la respiration est maintenue aussi longtemps qu'elle est confortable. L'annulaire est ensuite levé pour permettre une expiration complète par la narine gauche. Surya Bheda Pranayama active le corps et les fonctions corporelles; Il augmente le feu digestif et élimine les maladies causées par une insuffisance d'oxygène dans le sang.

Dans GPBALANCE, nous faisons ce Pranayama allongé dans la posture de Dinah en utilisant la main libre (la droite) pour fermer la narine gauche tout en faisant toutes les inspirations et expirations par la narine droite en utilisant Bhastrika 2. (Cela s'appelle **Eka Surya Bhedana Pranayama**). Nous faisons un minimum de 7 respirations, mais plus il y en a, mieux c'est.

Chandra Bedhana: dans sa forme la plus simple, Chandra Bhedana Pranayama se fait assis droit en inspirant complètement par la narine gauche, en retenant la respiration, puis en expirant par la narine droite. Pour aider ce Pranayama, le yogi place l'index et le majeur de la main gauche entre les sourcils, puis utilise l'annulaire pour fermer la narine droite pour l'inhalation. Le pouce est utilisé pour fermer la narine gauche pendant que la respiration est maintenue aussi longtemps que cela est confortable. L'annulaire est ensuite levé pour permettre une expiration complète par la narine droite. Chandra Bhedana Pranayama apaise le corps et les fonctions corporelles; Il est recommandé aux personnes qui ont des difficultés à dormir ou qui ont besoin de réduire l'énergie solaire dans le corps. Il diminue la chaleur dans l'esprit et dans le corps.

Dans GPBALANCE, nous faisons ce Pranayama allongé dans la posture de Dinah en utilisant la main libre (la gauche) pour fermer la narine droite tout en faisant toutes les inspirations et expirations par la narine gauche en utilisant Bhastrika 2. (Cela s'appelle Eka Chandra Bhedana Pranayama) Nous faisons un minimum de 7 respirations, mais plus il y en a, mieux c'est.

1   2

1. Lorsque vous avez terminé la torsion pelvienne, amenez les deux bras derrière la tête en inspirant.

2. Pieds séparés à la largeur du tapis. Khechari Mudra.

3. Avec la main gauche, attrapez la cheville de la jambe droite sous la jambe gauche et alignez le genou droit avec la hanche droite.

4. Maintenant, placez la plante de votre pied gauche sur le genou droit. Rassemblez vos omoplates.

5. Avec la main droite, fermez complètement la narine gauche et partiellement la droite. Maintenant, commencez à faire Eka Surya Bhedana Pranayama avec Bhastrika 2.

6. Pas moins de 7 respirations. Plus il y en a, mieux c'est.

7. Les hommes se concentrent sur le testicule droit et la glande surrénale droite, les femmes sur l'ovaire droit et la surrénale droite.

8. Lorsque vous avez terminé, pendant que vous inspirez, ramenez vos bras derrière la tête. En expirant, saisissez la cheville gauche avec la main droite et répétez la même action, mais cette fois en utilisant la main gauche sur votre nez, faites Eka Chandra Bhedana Pranayama avec Bastrika 2.

12. Demi-Pont

Cette technique s'appelle «Ardha Setubandhasana», demi-pont car les jambes sont pliées. Les pieds sont séparés de la largeur du tapis. C'est une excellente posture pour tonifier les jambes, les fessiers et le bas du dos. Cela fonctionne également comme une contre-posture lorsque vous avez effectué des flexions avant. À chaque expiration, le "pont" tombe sur le sol et le sacrum heurte doucement le sol activant le Swadisthana Chakra.

| 1. Inspirez | 2. Expirez. Touchez le sol | 3. Inspirez |

1. Après avoir terminé la technique précédente, pliez les genoux, séparez les pieds de la largeur du tapis et rentrez vos omoplates. Faites Khechari Mudra.

2. Soulevez les hanches aussi haut que possible en appuyant sur vos pieds pendant que vous inspirez et contractez le plancher pelvien.

3. Laissez tomber doucement le sacrum sur le sol pendant que vous expirez. Il émettra un son, comme lorsque vous frappez des mains.

4. Utilisez la respiration Ujjay et concentrez-vous sur Swadhistana Chakra.

5. Faites cela au moins 10 fois. Lorsque vous avez terminé, restez en Ardha Setubandhasana et faites 7 Bastrika 2 en utilisant Mulabandha (vous pouvez en faire autant que vous le souhaitez). Si Bastrika 2 est difficile pour vous, faites Kapalabhati. Visualisez et concentrez-vous sur Manipura Chakra.

6. Détendez-vous un moment le dos au sol.

13. Prana-Apanasana

Prana est la force de mouvement vers l'intérieur qui est censée créer un champ se déplaçant vers le haut du nombril à la gorge. C'est aussi l'expression de notre conscience, de la même manière que la lumière du soleil est l'expression du soleil car elle entre partout, même si ce n'est pas directement. Prana atteint chaque partie de notre corps là où nous dirigeons notre conscience.

APANA est la force de déplacement vers l'extérieur qui est censée créer un champ se déplaçant vers le bas du nombril à l'anus. Les deux, Prana et Apana se déplacent spontanément dans le corps mais peuvent être contrôlés par des pratiques yogiques.

C'est une technique de Prana Shakti que j'ai incluse dans GPBALANCE. Je l'ai apprise de K. Desikachar il y a longtemps et je continue à l'apprécier.

Inspirez   Expirez

1. Allongez-vous sur le dos et pliez les genoux. Assurez-vous que vos jambes sont détendues et que votre langue est en Khechari Mudra. Gardez le menton bas et la zone urogénitale détendue, les yeux fermés.
2. Placez légèrement vos mains sur vos genoux et étirez les bras. Les bras mesurent la distance de l'endroit où vos genoux devraient être. Inhaler.
3. Lorsque vous expirez, les bras se plient.
4. Utilisez la respiration Ujjay.
5. Respirez très lentement et longuement en vous concentrant sur les chakras, de bas en haut et de haut en bas.
6. Répétez cette action autant de fois que vous le souhaitez, idéalement pendant plus de 3 minutes. Lorsque vous avez terminé, placez les pieds sur le sol et détendez-vous. Observez le troisième œil.

GPBALANCE · Yoga Hormonal · Libro Diez · El Método

14. Papillon - Uddiyana Bandha

Normalement, nous faisons Uddiyana Bandha debout ou assis. Ici, nous le faisons sur le dos. Nous avons le soutien du sol, ce qui aide. Peu importe comment vous le faites, l'important est de le faire autant de fois et aussi souvent que possible. Les avantages d'Uddiyana Bandha sont nombreux. Dans la cinquième section, j'en ai mentionné quelques-uns..

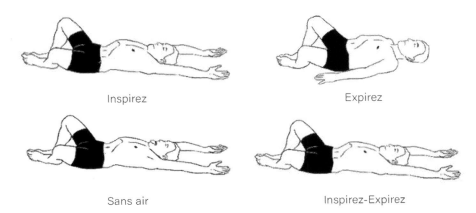

Inspirez

Expirez

Sans air

Inspirez-Expirez

1. Continuons: Placez maintenant la plante des pieds ensemble, laissez tomber vos jambes sur les côtés, étirez vos bras derrière votre tête et commencez à monter et descendre vos jambes en rythme, comme les ailes d'un papillon pendant que vous faites Bhastrika 1. (Khechari).

2. Après environ une minute, détendez-vous et respirez normalement.

3. Inspirez maintenant profondément (Ujjay et Kechari).

4. Pendant que vous expirez, (Ujjay) amenez vos bras sur le côté du corps et assurez-vous qu'il n'y a plus d'air dans vos poumons.

5. Tirez la langue, détendez l'abdomen et amenez vos bras derrière votre tête. Un vide se produira dans votre région abdominale: Uddiyana Bandha. Retenez votre souffle pendant quelques secondes et avant de le relâcher par le nez, rentrez votre langue et soulevez le sternum. Respirez normalement.

6. Répétez cette action deux fois de plus et détendez-vous avant d'entrer dans la technique suivante: torsion jambes pliées.

15.Torsion Jambes Pliées
(Bas du dos et abdomen)

Cette technique vous donne un excellent massage du bas du dos et de la taille. Elle active également les chakras inférieurs, les glandes surrénales et sexuelles. C'est une technique relaxante; il est donc recommandé de la pratiquer les yeux fermés.

Avec cette technique, nous initions une séquence de postures (13 à 17) qui visent à renforcer vos muscles abdominaux ainsi que votre bas du dos en rajeunissant les organes abdominaux internes et les glandes de cette région.

1. Ramenez les genoux vers la poitrine et détendez les jambes. Genoux et pieds joints.

2. Entrelacez les doigts et placez les paumes derrière la tête. Gardez les coudes et les omoplates au sol pendant l'exécution de cette technique.

3. En expirant, ramenez les deux jambes vers un coude et pendant que vous inspirez, amenez-les vers le coude opposé. Essayez de faire un mouvement continu avec vos jambes.

4. La respiration est fonction de l'effort. Détendez le plancher pelvien. Si vous le souhaitez, vous pouvez faire de la respiration Ujjay. En tout cas, toujours avec Khechari Mudra. Les yeux se ferment si possible.

5. Après quelques minutes, reposez vos pieds sur le sol et détendez-vous.

16. Ardha Navasana
(bas du dos et ventre)

Dans le yoga, il y a peu de postures pour renforcer cette zone. J'ai également choisi la plus efficace et la plus bénéfique pour les organes internes. Cette technique renforce également le cou. Il est important que tout le dos reste ancré au sol en permanence pour éviter les douleurs dans le bas du dos.

(Tête légèrement relevée, Bhastrika 1)

1. Étirez les jambes dans un angle à 90 degrés tout en appuyant la région lombaire au sol (pendant toute la durée de cette technique).

2. Baissez un peu vos jambes sans perdre le contact de la région lombaire et soulevez en même temps votre tête d'un centimètre seulement. Khechari Mudra et Mula Bandha.

3. Commencez à faire Bhastrika 1 idéalement pendant au moins une minute tout en vous concentrant sur les chakras inférieurs et dans Vishuddha Chakra.

4. Une seule fois suffit, mais vous êtes libre de faire autant de répétitions que vous le souhaitez. Après avoir terminé, relaxez le cou en le bougeant d'un côté et de l'autre.

5. Vous pouvez soit reposer vos pieds sur le sol, soit continuer la séquence abdominale bas du dos.

17. Cercles des Jambes

Cette technique agit sur les muscles transversaux et obliques de l'abdomen, et bien sûr, sur les organes abdominaux et les surrénales. Elle renforce l'abdomen et donne de la stabilité à la région lombaire. Du nombril vers le haut, rien ne bouge.

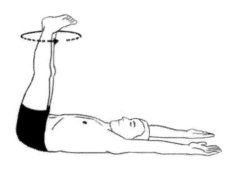

(7 cercles d'un côté et 7 de l'autre)

1. Les jambes sont toujours étirées dans un angle de 90 degrés, la région lombaire plaquée au sol.

2. Khechari Mudra et Mula Bandha. Le torse reste au sol.

3. Faites 7 petits cercles, d'abord d'un côté, puis de l'autre. Respiration libre.

4. Concentration sur les chakras inférieurs.

GPRAI ANCE Yoga Hormonal . Libro Diez . El Método

18. Reverse Crunch

C'est un excellent exercice pour renforcer les muscles abdominaux et activer toute la région pelvienne. Rien ne bouge du nombril vers le haut. Gardez les omoplates bien au sol.

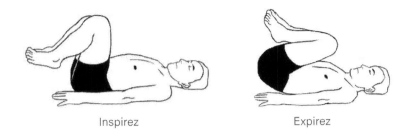

Inspirez   Expirez

1. Mettez vos bras sur le côté du corps, paumes vers le bas. Les jambes sont pliées naturellement et ne touchent pas le sol.

2. Appuyez vos bras au sol, des épaules aux paumes de mains et soulevez les hanches en amenant les genoux vers la poitrine lorsque vous expirez. Retenez votre souffle pendant quelques secondes. Inspirez et revenez à la première position.

3. Répétez au moins 7 fois.

4. Respiration Ujjay. Kechari Mudra et Mula Bandha.

5. Concentration sur les Chakras inférieurs

19. Éveil de Swadhisthana

C'est la dernière technique de la série abdominale/bas du dos. C'est puissant. Pour cette raison, il est préférable de commencer par 3 levées et descentes du bas du dos au sol et d'augmenter peu à peu jusqu'à 7 ou 10 fois. Essayez de maintenir pendant quelques secondes le poids de votre corps dans l'air.

Outre la construction des muscles abdominaux et le renforcement des organes abdominaux internes, c'est une excellente technique pour éveiller le deuxième chakra afin de retrouver notre connexion avec notre sensualité.

Inspirez	Expirez-soulevez	Expirez

1. Allongez-vous sur le dos, les jambes à 90 degrés. Bras sur les côtés du corps. Khechari Mudra. Inspirez.
2. Lorsque vous expirez, soulevez le bas de votre dos du sol, tenez votre corps en l'air et relâchez-le au sol. Lorsque vous soulevez votre corps, contractez le plancher pelvien (Mula Bandha). Lorsque vous laissez tomber le corps et touchez le sol, détendez Mula Bandha.
3. Répétez au moins 7 fois.
4. Concentrez-vous sur les surrénales, Manipura et Ajneya Chakra.

Veuillez noter qu'il n'est pas nécessaire de faire toute la série d'exercices abdominaux / bas du dos. Si vous le pouvez, très bien, sinon, choisissez ce qui est le plus efficace pour vous et construisez lentement la zone pelvienne jusqu'à ce que vous puissiez tous les faire l'un après l'autre sans faire de pause entre eux.

20. Torsion du bas du dos

Après les techniques abdomino-bas du dos, il est important de libérer complètement cette zone. Rien de mieux que la torsion de cette région tout en se concentrant sur les chakras inférieurs, la taille et les glandes surrénales. C'est une technique très relaxante.

Inspirez   Expirez

1. Une fois que vous avez terminé la technique précédente, étirez les bras derrière la tête et placez la jambe droite sur la gauche. Khechari Mudra. Le reste du corps est détendu.

2. Inhaler. A l' expiration, amenez votre genou droit sur le côté gauche. Il ne doit pas toucher le sol, car si vous le faites, l'omoplate droite se soulèvera. Rien ne doit bouger du nombril vers le haut.

3. Inspirez et, lorsque vous expirez, ramenez le genou droit vers le côté droit sans soulever l'omoplate gauche.

4. Continuez pendant un moment en expirant d'un côté et en inspirant de l'autre. Puis changez de jambe et recommencez.

5. Concentrez-vous sur la taille, les reins et les chakras inférieurs.

21. Torsion colonne vertébrale

Maintenant, nous allons approfondir la torsion pour engager tout le dos et, surtout, exposer les glandes surrénales. Nous devons les visualiser et respirer vers elles. (Bhastrika 1). Un à la fois. Tourner le corps est un excellent moyen de drainer les organes de leur sang, afin que le sang frais puisse s'y répandre après avoir terminé la torsion.

1. Placez votre jambe droite sur la gauche et déplacez légèrement votre hanche vers la droite afin d'aligner le haut de votre tête avec le coccyx.

2. Appuyez votre main gauche sur le genou droit et placez votre paume droite sous la tête.

3. Khechari Mudra et Mula Bandha.

4. Visualisez votre rein droit et respirer vers lui en utilisant Bastrika 1. Restez dans la position au moins 30 secondes.

5. Changez ensuite la position de vos jambes et répétez de l'autre côté.

22. Supta Gomukhasana

La pratique de cette posture rendra vos articulations des hanches plus flexibles et vous permettra de mieux vous concentrer sur vos ovaires et vos surrénales. Les hommes doivent se concentrer sur les testicules et les surrénales. Les hommes et les femmes devraient également se concentrer sur le thymus.

1

2

3

4

1. Étirez les jambes à 90 degrés et placez les bras tendus derrière la tête. Khechari Mudra.

2. À l'expiration, croisez les jambes. Jambe droite sur le dessus; saisissez vos chevilles et rapprochez vos omoplates pour exposer le cœur.

3. Mula Bandha. Faites 7 Bastrika 2

4. Ensuite, ramenez vos bras derrière la tête et vos jambes à 90 degrés, mettez la jambe gauche sur le dessus et répétez de ce côté.

23. Ardha Gomukhasana

Pour s'asseoir de Supta Gomukhasana, faites rouler votre corps au moins 7 fois d'avant en arrière en gardant le contact entre les talons et les hanches. c'est un excellent massage de la colonne vertébrale. Cette posture flexibilise les articulations des hanches et rend le corps léger.

1   2   3

4   5

1. Dos au sol (technique précédente) et en saisissant les chevilles, commencez à rouler votre corps d'avant en arrière au moins 7 fois en gardant vos talons en contact avec les hanches. Cela vous obligera à utiliser vos muscles abdominaux pour vous asseoir.

2. Lorsque vous roulez en avant: expirez; vers l'arrière: inspirez. Khechari Mudra et Mula Bandha.

3. Lorsque vous parvenez à vous asseoir, étirez vos bras dans Urdhva Hastasana, en appuyant les ischions au sol pour créer une traction sur votre colonne vertébrale.

4. Penchez-vous maintenant vers l'avant en gardant le dos droit et les bras alignés avec votre tête. Faites au moins 7 Bastrika 1 ici en vous concentrant sur les glandes surrénales et la glande pinéale.

5. Entrelacez les doigts et tournez vos paumes vers le plafond pour un étirement supplémentaire de la colonne vertébrale. Retenez votre respiration.

6. Lorsque vous expirez, rapprochez vos paumes de la main devant la poitrine.

Troisième Section

(Postures debout. Yeux fermés si possible)

Plusieurs techniques de cette troisième section sont facultatives car tout simplement certaines personnes les trouvent trop difficiles. Vous pouvez les inclure ou non dans votre pratique quotidienne. Cette section ne vise pas à stimuler beaucoup les glandes endocrines, mais à nous maintenir en forme, agiles, souples et forts. Il y a une forte emphase dans les postures d'équilibre et dans la mobilisation du Prana. L'équilibre, la mobilité et la masse musculaire sont des choses que nous perdons si nous ne faisons pas attention au corps. Les conséquences de ne pas faire fonctionner ces choses peuvent être dévastatrices. Cette section se fait debout. Elle comprend une salutation au soleil atypique et des équilibres, des mobilisations des hanches et du Prana Mudra. La respiration, Khechari Mudra et les visualisations sont toujours présents.

Dans cette section, nous utilisons les techniques suivantes:

24. Respiration et Torsion

Cette première posture debout comprend deux techniques: la respiration et la torsion. Ce qui est important ici, c'est d'être conscient de l'alignement correct du corps en Tadasana, la posture de la montagne. Il y aura une pause après l'inhalation et une pause après l'expiration. Cette pause s'appelle «Kumbhaka», un aspect important du Pranayama. La deuxième technique consiste à serrer les organes abdominaux. Lorsque nous nous sentons à l'aise, il est recommandé de fermer les yeux pour se connecter avec le corps et ses sensations. Pendant l'exécution de ces techniques, gardez la langue en Kechari Mudra.

Inspirez   Expirez   Inspirez   Expirez

Inspirez   Exp-Insp   Expirez   Inspirez

1. Tadasana, paumes jointes devant la poitrine. Commencez par appuyer le centre des talons au sol et sentez comment le corps commence à s'aligner naturellement.

2. Langue en Khechari Mudra tout le long de la technique. Inspirez dans la posture, retenez votre souffle quelques secondes (Kumbhaka); en expirant, mettez vos bras en «position anatomique». Retenez votre respiration quelques secondes.

3. En inspirant, levez les bras dans «Urdhva Hastasana». Retenez quelques secondes votre respiration. N'oubliez pas de continuer à appuyer les talons contre le sol.

4. En expirant, étirez vos bras vers l'arrière en créant une légère flexion arrière du corps. La tête reste entre les bras. Menton baissé. Retenez votre souffle quelques secondes.

5. En inspirant, revenez à «Urdhva Hastasana». Retenez à nouveau votre souffle.

6. Lorsque vous expirez, revenez à la posture initiale. Kumbhaka, poumons vides.

7. Répétez deux fois de plus. Idéalement les yeux clos. Après avoir terminé ces 3 tours, inspirez à nouveau et tournez votre corps assis sur une chaise imaginaire en mettant un coude derrière un genou. Regardez vos paumes. Le coccyx et les genoux doivent être alignés. Retenez votre souffle.

8. Inspirez et revenez à Tadasana. Répétez de l'autre côté. Au total 3 fois.

9. Respiration Ujjay tout le long de l'exercice.

25. Étirement du corps

Cette technique crée de la chaleur et la chaleur est de l'énergie. Essayez de créer autant de distance que possible entre vos pieds et vos mains en effectuant cette posture. Le résultat est un grand étirement de tout votre corps, d'abord en ligne avec la force de gravité, puis latéralement et enfin en arrière. Mula Bandha se produira naturellement.

| Inspirez | Inspirez-Expirez | Inspirez-Expirez | Inspirez |

| Expirez-Inspirez | Inspirez | Expirez-Inspirez | Inspirez | Expirez |

1. Debout en Tadasana avec les pieds légèrement séparés. Appuyez vos talons au sol. Doigts entrelacés, paumes ensemble et Khechari Mudra.

2. En maintenant constamment la pression des talons, étirez vos bras vers le ciel. Respirez normalement quelques respirations.

3. Inclinez maintenant votre corps d'un côté. Assurez-vous que les deux bras sont également étirés et que vous n'avez pas perdu la pression des talons sur le sol. Revenez au centre et répétez de l'autre côté. De retour au centre.

4. Maintenant commencez l'extension de la colonne vertébrale en gardant la tête entre vos bras. Ne lui permettez pas de retomber. Revenez au centre en inspirant, et en expirant, rapprochez vos paumes devant la poitrine.

5. La respiration est fonction de l'effort.

26. Uttanasana jambes croisées

Cette pose présente divers avantages: premièrement, elle étire l'arrière de la jambe arrière; deuxièmement, elle cultive l'équilibre, surtout si vous pratiquez cette technique les yeux fermés et troisièmement, elle vous permet de vous concentrer sur les surrénales et sur les glandes de la tête.

Le cou doit être complètement détendu et la tête pend. Si vous le souhaitez, vous pouvez respirer dans les surrénales en utilisant Ujjay.

| Ins | Exp-Ins | Ins | Exp | Ins | Exp |

1. Nous avons terminé la technique précédente avec les mains jointes devant la poitrine. En inspirant, étirez vos bras vers le haut tout en appuyant les talons au sol en Tadasana Urdhva Hastasana.

2. En expirant, croisez les pieds et penchez-vous en essayant de toucher le sol avec vos mains. Détendez le cou. La tête est relâchée. Restez pendant quelques respirations.

3. En inspirant revenez en Tadasana Urdhva Hastasana. Étendez votre colonne vertébrale vers l'arrière en gardant votre tête entre vos bras, puis revenez au centre. Changez le croisement des pieds et répétez.

4. Lorsque vous terminez le deuxième côté, rapprochez vos paumes devant la poitrine.

27. Surya Namaskar
(Salutation au soleil)

Surya Namaskar ou Salutation au Soleil est la séquence de postures de Hatha Yoga la plus connue. Selon la lignée ou la tradition, elle varie un peu. La Salutation au soleil est une invention récente. Elle a été développée par le roi d' Aundh. En fait, en 1908, Shrimant Bala Pandit Pratinidhi d' Aundh a publié en Inde un petit livre, «Le chemin vers la santé en dix points» en langue marathi. En 1928, une version anglaise est également publiée. Ce livre sur Surya Namaskar ou Salutation au Soleil est devenu très important pour nous tous pratiquants de yoga! La plupart des enseignants ne savent pas que la Salutation au Soleil est si nouvelle. La plupart des gens pensent qu'elle a quelques milliers d'années.

D'abord, elle a été enseignée aux enfants du royaume de Raja, mais s'est ensuite répandue dans la majeure partie de l'Inde. En 1938, JM Dent and Sons a publié son livre à Londres et de nombreuses personnes ont commencé à pratiquer cette séquence de postures de yoga, mais la guerre a interrompu la diffusion de Surya Namaskar. Après la Seconde Guerre mondiale, la Salutation au Soleil est arrivée aux États-Unis d'Amérique et dans le reste du monde occidental. Petit à petit, elle est devenue la pratique de yoga la plus connue.

J'ai développé juste pour GPBALANCE ma propre version de Surya Namaskar. L'accent est bien sûr mis sur la respiration et l'alignement du corps, mais aussi sur une posture «Urdhva Mukha Svanasana» qui se répète 7 fois en raison de l'effet qu'elle a sur les glandes surrénales.

Ins   Exp   Ins   Exp   Ins   Exp

Exp   Ins   Ins   Exp

Ins · Exp · Ins

Exp-Uddiyana · Ins · Ins · Exp

Ins · Ins · Exp · Ins · Exp

1. Tenez-vous à Tadasana les paumes ensemble devant la poitrine. Khechari Mudra. Pause.

2. A l'expiration, bras le long du corps. Paumes vers l'avant. Pause.

3. En inspirant, levez les bras au-dessus de votre tête: Urdhva Hastasana. Pause.

4. Expirez, étendez votre colonne vertébrale vers l'arrière. Pause.

5. En inspirant revenez au centre (Urdhva Hastasana). Pause.

6. En expirant, pliez les genoux en Utkatasana et avec le dos droit sans arrêter le mouvement, amenez vos mains au sol: Uttanasana, étirez les jambes. Pause.

7. En inspirant, soulevez le buste en gardant la tête alignée avec la colonne vertébrale et, poumons pleins, descendez en planche, en commençant par la jambe gauche, puis la droite. Pause.

8. En expirant, posez votre corps au sol en vous arrêtant une seconde en Chaturanga Dandasana. Mains sous les épaules, front au sol, métatarses des pieds également au sol.

9. En inspirant très lentement passez en Urdhva Mukha Svanasana. En expirant, revenez très lentement au sol. Répétez cette action 7 fois. Lorsque vous inspirez pour la dernière fois, restez dans Urdhva Hastasana en faisant 7 respirations (Bhastrika 1).

10. En expirant, Adho Mukha Svanasana durant 7 Kapalabhatis. Ensuite, expirez tout l'air de vos poumons, tirez la langue (lion pause) et effectuez Uddiyana Bandha. Avec l'inspiration suivante, amenez d'abord votre jambe gauche, puis la droite dans Ardha Uttanasana.

11. Expirez: Uttanasana. Pause.

12. Pliez les genoux pour faire Utkatasana. Inspirez jusqu'à Urdhva Hastasana. Pause.

13. Expirez vers l'arrière. Pause.

14. Revenez au centre en inspirant et en expirant, rapprochez vos paumes devant la poitrine. Pause.

15. Faites ensuite le deuxième côté. La même chose, mais cette fois, allez en planche avec la jambe droite et revenez à Ardha Uttanasana avec la même jambe droite.

Nous faisons seulement 2 salutations au soleil. Nous passons ensuite à Parsvottanasana-Prasarita, la technique suivante.

28. Parsvottanasana-Prasarita Ekapadasana

Ces deux techniques sont des postures d'équilibres, mais en même temps ce sont de bons étirements des ischio-jambiers. Parsvottanasana renforce votre dos et Prasarita Ekapadasana vous invite à en savoir plus sur les poses inversées.

Ins   Exp   Ins   Ins

Exp   Exp   Ins   Exp   Ins

Ins   Exp   Ins   Exp

1. Debout en Tadasana, paumes jointes. Khechari Mudra. Inspirez.

2. Mettez votre poids sur votre pied droit et expirez, faites un grand pas en arrière avec votre jambe gauche. Les deux pieds doivent être au sol et vos hanches alignées. Lorsque vous vous sentez équilibré, inspirez en levant les bras en Urdhva Hastasana en étirant bien votre colonne vertébrale.

3. Expirez en vous penchant vers l'avant en essayant de garder votre tronc parallèle au sol. Faites 7 Bhastrika 1.

4. Posez vos mains au sol en ligne avec vos épaules. Corrigez votre posture et votre alignement.

5. Déplacez un peu vos mains vers l'avant pour mettre du poids dessus, soulevez votre jambe arrière et approchez autant que possible votre tête de votre jambe droite. Restez pendant quelques respirations.

6. Ramenez les deux pieds ensemble. Votre poitrine s'ouvre et votre tête se soulève. Inspirez.

7. Expirez en Uttanasana.

8. Pliez les genoux pour faire Utkatasana. Inspirez jusqu'à Urdhva Hastasana. Pause. Vous êtes maintenant en Urdhva Hastasana.

9. Expirez vers l'arrière. Pause.

10. Revenez au centre en inspirant.

11. Avec l'inspiration suivante rapprochez vos paumes devant la poitrine. Pause.

12. Répétez avec l'autre jambe.

29. Ardha Malasana

Cette variante de Malasana rend vos hanches flexibles et vos jambes fortes. Votre dos devient également fort. Il y a 3 positions: les mains au sol, les mains levées et les paumes jointes. Dans chacune de ces positions, nous faisons Kapalabhati, 7 fois minimum, idéalement 30 fois ou plus. Après cela, vous devez utiliser vos jambes pour revenir à la position debout.

Ces variations sont excellentes également pour renforcer vos chevilles et tout le torse. Elles ouvrent les aines. Les muscles abdominaux deviennent forts aidant à la fonction du côlon et du péristaltisme. Elle est recommandée pour le dos, en particulier la région lombaire. Cette technique améliore la circulation du sang dans la région pelvienne en augmentant l'énergie sexuelle.

    K   K   K

1. Debout, les pieds séparés de la largeur du tapis, les orteils vers l'extérieur. Les mains jointes devant la poitrine. Khechari Mudra.

2. Accroupissez-vous, posez vos doigts au sol, vos fesses aussi près que possible de vos talons et faites au moins 7 Kapalabhati.

3. Ensuite étirez les bras vers le plafond, chin mudra et faites 7 autres Kapalabhati.

4. Ensuite, avec les coudes, séparez un peu plus vos jambes. Paumes ensemble et faites 7 autres Kapalabhati.

5. Revenez ensuite à la première position.

30. Glandes thyroïde, parathyroïde et pinéale et tapotement des reins

C'est une sorte de contre-posture de la technique précédente. Elle agira sur votre thyroïde, votre parathyroïde et votre glande pinéale si vous les visualisez avec intensité. La langue doit appuyer sur le palais mou.

1. Placez vos pieds parallèles dans Tadasana, verrouillez les doigts derrière le dos et ramenez votre tête aussi loin que possible en arrière. Le menton pointé vers le ciel. Kechari Mudra.

2. Faites au moins 7 Bhastrika 1 et revenez en Tadasana et préparez-vous à la technique suivante: tapotement des reins

Avec la partie intérieure de vos poings, tapotez vos reins de haut en bas pendant quelques secondes. Vous sentirez que la zone des reins se réchauffe. Concentrez-vous dans cette zone. Pour terminer cette technique, si vous le souhaitez, frottez vos mains jusqu'à ce qu'elles chauffent un peu et appliquez cette chaleur sur vos reins.

31. Samba, bascule antérieure et postérieure du bassin, rotations

Ces 3 techniques ont un objectif commun: rendre vos hanches plus libres. Nous les réalisons avec les mains sur la taille et les pieds légèrement séparés. La respiration est Ujjay.

La samba est une musique aux racines africaines née au Brésil dont dérive un type de danse. C'est l'une des principales manifestations musicales de la culture populaire au Brésil et un symbole de l'identité nationale. Dinah Rodrigues l'utilise dans ses cours. J'ai pensé que ce serait amusant de faire la même chose car c'est un mouvement rythmique et sensuel des hanches. La bascule du bassin est un mouvement important ainsi que les rotations surtout s'ils sont synchronisés avec la respiration.

Samba   bascule ant   bascule post   rotations

1. Samba: mains sur la taille. Khechari Mudra. Lorsque vous inspirez, rapprochez un genou de l'autre. Lorsque vous expirez, faites le contraire. Essayez de trouver un rythme. Faites-le plusieurs fois.

2. Bascule antérieure et postérieure: lorsque vous inspirez, ramenez le coccyx vers l'arrière et l'os pubien vers le bas. Lorsque vous expirez, pliez légèrement les genoux, rentrez le coccyx. Faites-le plusieurs fois.

3. Rotations: faites pivoter vos hanches 7 fois d'un côté et 7 fois de l'autre. Respiration normale.

32. Équilibre 1 et 2

En vieillissant, nous perdons notre équilibre. Par conséquent, de nombreuses personnes âgées se cassent les hanches lorsqu'elles perdent l'équilibre et tombent. La bonne nouvelle est que l'équilibre peut être rééduqué. C'est une question de pratique. Je présente ici deux techniques d'équilibre. Dans la première, nous tapotons le Thymus pour le stimuler et dans la seconde, nous mettons nos mains ensemble devant la poitrine. Nous faisons la deuxième technique les yeux fermés. Et les deux avec Khechari Mudra. La science a démontré que les personnes qui passent beaucoup de temps à marcher sans chaussures ont un bien meilleur équilibre que celles qui gardent leurs pieds prisonniers.La ciencia ha demostrado que las personas que pasan mucho tiempo caminando sin zapatos tienen mucho mejor equilibrio que aquellos que mantienen sus pies prisioneros.

1. En appui sur une jambe, tenez la cheville de l'autre jambe, pied flex. Keshari Mudra. Avec la main libre, tapotez la zone du Thymus zone tout en faisant Bhastrika 1.
2. Changez de jambe et recommencez.
3. Deuxième technique: placez le pied gauche derrière le droit. Les mains jointes devant la poitrine. Fermez les yeux et essayez de rester en équilibre, idéalement plus de 30 secondes.
4. Positionnez ensuite le pied droit derrière le pied gauche

33. Prana Mudra

Ce Prana Mudra n'est pas le Prana Mudra que nous faisons avec nos mains. Nous utilisons ici tout le corps, la respiration et la visualisation. En Chi-Gong, il y a quelque chose de similaire. L'idée est de synchroniser le mouvement avec la respiration et de charger les mains avec du Prana que nous appliquerons aux centres d'énergie (Chakras) qui ont besoin de cette énergie et finalement aligner tous les Chakras. Normalement, nous commençons avec les yeux ouverts et lentement nous les fermons pour améliorer la puissance de cette technique. Cette technique génère beaucoup de chaleur et la chaleur est de l'énergie. Prana Mudra est une technique de Prana Shakti la méthode qui a inspiré GPBALANCE.

1. À la fin de la deuxième technique d'équilibre, placez le pied droit à côté du gauche et commencez le Prana Mudra.

2. Lorsque vous baissez le centre de votre corps, les bras suivent. Expirez. Lorsque le centre de gravité descend, les bras et les mains font de même. Ne fermez pas vos coudes. Essayez de former un cercle avec vos bras. Khechari Mudra. Les mains sont ouvertes mais détendues et tournées vers le bas.

3. Lorsque vous remontez votre centre de gravité, les paumes se tournent vers le haut. Commencez lentement à vous concentrer sur vos mains.

4. Montez et descendez autant de fois que vous le souhaitez, mais au moins 10 fois. Dès que cela vous est possible, fermez les yeux.

5. Lorsque vous avez terminé, placez vos mains devant le Chakra que vous souhaitez activer et laissez ensuite vos mains reposer sur les côtés de votre corps et ressentez à quel point elles sont chargées de Prana. Détendez la langue.

6. Respiration normale.

Quatrième section

(La moitié de cette section est faite face au sol et l'autre moitié sur le dos)

Dans la première partie, l'accent est mis sur la pression du pubis sur le sol et le renforcement de la zone centrale du corps; dans la seconde, nous continuons à travailler la zone abdominale et terminons avec des postures inversées.

Dans cette section, nous utilisons les techniques suivantes:

34. Bascule du bassin, omoplates et colonne vertébrale

35. Pinéale, hypophyse et hypothalamus

36. Demi-planche

37. Sphinx 1 & 2

38. Pression os pubien

39. Transition 1: Urdhva Mukha, Adho Mukha, Planche, Adho Mukha, assis

40. Cycle Navasana

41. Postures inversées

42. Postures finales

34. Bascule du bassin, omoplates et colonne vertébrale

Ici, nous répétons les mêmes mouvements faits lors de la deuxième section, c'est-à-dire la bascule du bassin, cette fois sur quatre appuis. C'est la première partie; la seconde consiste, en gardant les bras totalement tendus, à abaisser la poitrine en joignant les omoplates et en les écartant. Cela donne de la souplesse à cette zone et aux épaules, mais surtout cela aide à activer le thymus. La troisième partie active toute la colonne vertébrale.

Bascule du bassin

Neutre   pression mains   omoplates jointes

Chat   Vache

1. De la position debout, de préférence les yeux fermés, descendez, les genoux et les mains au sol. Les mains sont tournées vers l'extérieur. Khechari Mudra.

2. En inspirant, inclinez le bassin vers l'avant et en expirant vers l'arrière. Lorsque vous inspirez, détendez le plancher pelvien; lorsque vous expirez, contractez-le. Faites cela au moins 15 fois en vous concentrant sur les chakras inférieurs.

3. Ensuite, avec le dos en position neutre, laissez tomber votre poitrine entre vos bras en vous concentrant sur le thymus. En expirant, appuyez vos mains sur le sol. Les omoplates se séparent automatiquement.

4. Colonne vertébrale entière: Maintenant, la dernière technique: engagez toute la colonne vertébrale. En expirant, essayez de rapprocher le front de l'os pubien. Restez au moins quelques secondes en contractant le plancher pelvien. Pendant que vous inspirez, laissez tomber l'abdomen, détendez le plancher pelvien et ouvrez la poitrine sans ramener la tête en arrière. Si vous le faites, vous comprimerez inutilement les vertèbres cervicales. Concentrez-vous sur toute la colonne vertébrale. Faites cet exercice 7 à 10 fois.

La respiration pour ces 3 techniques est Ujjayi.

35. Pinéale, pituitaire et hypothalamus

Toutes les techniques de cette partie de la séquence nous obligent à porter notre attention sur les glandes à l'intérieur du cerveau. Comme nous l'avons vu ci-dessus, lorsque j'ai décrit les différentes hormones, ce sont les glandes maîtresses qui doivent être activées encore et encore. La concentration doit être sur le troisième œil et le sommet de la tête.

Ins	Ins-Exp	Exp	Ins

Exp	Exp	Exp-Ins	Ins-Exp

1. Balayogamudrasana est le nom de la première posture. Assis sur les talons, fermez les poings avec les pouces à l'intérieur et placez-les au niveau des aines. Posez votre front sur le sol et détendez les bras. Utilisez vos muscles abdominaux transversaux pour appuyer les poings sur l'expiration et ressentez l'action de Mula Bandha. Retenez votre souffle quelques secondes et détendez-vous. Répétez 10 fois. Khechari Mudra.

2. Lorsque vous avez terminé, levez vos hanches et avec l'expiration, roulez votre tête vers son sommet. Retenez votre souffle quelques secondes et pendant que vous inspirez, faites rouler votre tête vers le front en redescendant les fesses vers les talons. Répétez 3 fois, puis reposez-vous en Balasana.

3. Défi 1: séparez vos bras à la largeur du tapis avec les paumes vers le haut. Étirez vos jambes en vous assurant que votre tête repose exactement sur son sommet.

4. Défi 2: En appuyant le dos des mains sur le sol, soulevez vos jambes en position verticale. (Plus facile quand on démarre cette technique en ouvrant un peu les jambes). Restez en position debout aussi longtemps que vous pouvez retenir votre souffle, les poumons vides.

5. Puis, lentement, descendez à Balasana. Respirez. Le fait de reposer le centre de nos sourcils sur le sol aide à activer la glande pinéale et libère des émotions positives. Le flux sanguin est également dirigé vers le cerveau.

36. Demi planche

Il s'agit d'une posture classique bien connue pour ses effets bénéfiques sur l'ensemble du corps et du dos. Elle est pratiquée régulièrement par les sportifs. Renforcer les muscles du tronc signifie protéger les organes abdominaux et avoir un dos solide. Dans GPBALANCE, nous accordons une grande importance à cet aspect. Comme d'habitude, Khechari Mudra et Bhastrika 1. Essayez de développer votre résistance jusqu'à 3 minutes. La concentration et la focalisation sont sur Manipura Chakra, et dans les Chakras inférieurs.

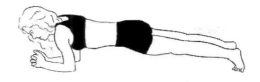

1. Entrelacez les doigts et placez vos coudes sous les épaules. Ouvrez la poitrine et gardez votre colonne vertébrale rigide. Mula Bandha aide. Essayez de créer une ligne imaginaire entre le haut de la tête et les talons. En d'autres termes, la colonne vertébrale doit être en mode traction. Langue en Khechari Mudra. Commencez à faire Bhastrika 1 aussi longtemps que vous le pouvez. Commencez par 30 secondes.

2. Une fois que vous avez terminé, reposez votre corps sur le sol et passez à la technique suivante.

37. Sphinx 1 et 2

Cette technique se fait en deux étapes. Tout d'abord, nous adoptons la posture du Sphinx. Nous appuyons les avant-bras et les mains au sol pour étirer la peau du pubis jusqu'à la clavicule. Les omoplates se rejoignent naturellement. Toujours Khechari Mudra et Bhastrika 1. Dans Sphinx 2, nous étirons simplement les coudes, ouvrons un peu plus la poitrine et continuons à faire Bhastrika 1.

Il est important dans les deux techniques d'appuyer sur le sol avec les métatarses des pieds et d'étirer les jambes vers l'arrière. Cela crée une pression supplémentaire sur la région pubienne. Le but du Sphinx est d'activer cette zone qui est en sommeil chez la plupart des gens. La science a prouvé qu'il active les hormones sexuelles.

Sphinx 1

Sphinx 2

Une grande partie des recherches effectuées par le monde scientifique sur la relation entre les hormones et le yoga sont basées sur la pression de l'os pubien contre le sol dans des postures telles que Bhujangasana et similaires. Cela stimule la polarité sexuelle et détend la région lombaire. Du point de vue physique, vous sentirez que l'arrière de votre corps se contracte (dos, fessiers et jambes). Du point de vue hormonal, un courant énergétique se crée entre le pôle positif et le pôle négatif. C'est précisément ce type de posture que les scientifiques dirigés par le docteur Rinad Minvaleev de l'Université de Saint-Pétersbourg utilisaient pour vérifier le comportement des hormones sexuelles chez leurs patients. Les volontaires devaient maintenir la posture un minimum de trois minutes en appuyant sur la zone urogénitale et les fessiers tout en appuyant les paumes contre le sol en essayant de soulever le plus possible la poitrine et la tête, à la manière d'un cobra.

38. Pression os pubien

C'est une sorte de variation du Sphinx mais plus intense. Le rythme est fondamental. La concentration sur Swadhistana Chakra est également importante. C'est une technique qui active les hormones sexuelles et donc, réveille la libido.

La plupart des gens lorsqu'ils pratiquent cette technique rient nerveusement parce que c'est comme avoir des relations sexuelles, mais avec le sol ! Il produit une vibration qui se déplace des centres énergétiques inférieurs aux centres énergétiques supérieurs reliant les deux pôles, positif et négatif.

Du point de vue physique, il donne de la mobilité aux hanches. La rigidité des hanches, disent certains psychologues, reflète la rigidité émotionnelle. On dit que les hanches représentent vos croyances de base en relation avec le monde. On dit aussi que si les hanches ne bougent pas cela signifie que vous bloquez votre plaisir sexuel soit parce que vous avez peur ou que vous avez un sentiment de culpabilité. Cela peut évoluer en impuissance sexuelle ou en frigidité. Il représente votre incapacité à vous accepter tel que vous êtes avec vos vertus et vos défauts.

Inspirez   Expirez, appuyez et maintenez   Inspirez

1. Allongé sur le ventre. Mettez vos bras de la manière qui vous convient. Métatarse des pieds sur le sol et jambes séparées de la largeur du tapis.

2. Sur l'inspiration, soulevez le bassin; à l'expiration, appuyez le pubis contre le sol. Retenez votre souffle quelques secondes en vous concentrant sur les sensations. Khechari Mudra. Répétez autant de fois que vous le souhaitez.

3. Vous pouvez utiliser Ujjay

4. Quand vous terminez, détendez-vous simplement en bougeant doucement vos hanches d'un côté à l'autre. C'est une sensation agréable.

39. Transition 1: Urdhvamukha, Adhomukha, Plank, Adhomukha et face vers le haut

Cette transition consiste à changer la position ventrale du corps à la position assise. Active également davantage le corps et mobilise encore plus l'énergie dans tout le corps. C'est assez vivifiant.

1   2   3

4   5   6

1. Posez vos mains sous les épaules et expirez, passez en Urdhva Mukha Svanasana, plantes des pieds au sol. Khechari Mudra, faites 7 Bhastrika 1.

2. Inspirez et passez en Adho Mukha Svanasana.

3. À l'inspiration, passez en planche, puis en Adho Mukha à l'expiration, ceci 10 fois. Une autre alternative est de le faire avec les poumons vides.

4. Lors du dernier Adho Mukha, restez pour 7 Kapalabhati et lors de la dernière expiration, Uddiyana bandha (langue dehors). Ensuite, transition en position assise. Pour ceci, placez d'abord votre genou droit entre vos mains et la fesse droite au sol tout en amenant la jambe gauche en avant. Vous êtes maintenant prêt à entrer dans le cycle Navasana.

40. Cycle Navasana

La technique doit être développée petit à petit. Pour la plupart des gens, surtout si vous avez de longues jambes, il sera difficile de les soulever, mais au fur et à mesure que vous développerez des muscles abdominaux forts, vous le ferez sans effort. Il comporte 4 parties: dans la première, on s'assoit avec les bras en arrière, dans la seconde, on lève les jambes; dans la troisième, on fait la posture du bateau et dans la dernière, on pose les mains au sol et on essaie de rapprocher les jambes de la tête.

1. Étirez vos jambes et posez vos mains sur le sol derrière votre dos. Essayez d'aligner la tête avec la colonne vertébrale, poitrine ouverte. Respirez normalement pendant quelques secondes.

2. Assurez-vous que vos pieds sont actifs avec les orteils pointés vers la tête. Vos jambes doivent être très droites. Faites 7 Bhastrika 1 en commençant à soulever lentement les jambes, autant que possible.

3. Mettez vos mains dans Paripurna Navasana et faites au moins 7 Bhastrika 1.

4. Posez vos mains sur le sol sur les côtés de votre corps et essayez de rapprocher davantage vos jambes de votre tête et faites au moins 7 Bhastrika 1.

41. Postures inversées

Dans le Hatha yoga, les poses inversées sont très appréciées pour leurs nombreux avantages. Ces poses suscitent une gamme d'émotions: la perplexité, la peur, l'anxiété, l'aversion, le rejet et l'excitation. Se mettre à l'envers est contraire à notre nature physique, et pourtant les bénéfices sont nombreux. Tout comme le yoga nous encourage doucement à nous éloigner de tout schéma habituel inconscient, l'invitation à l'inversion est simplement une autre façon de faire bouger les choses.

Une inversion est généralement classée comme toute asana dans laquelle la tête est en dessous du cœur. Et bien que l'équilibre sur la tête, le poirier, l'équilibre sur les avant-bras et sur les épaules viennent immédiatement à l'esprit, il existe des variantes plus douces qui peuvent être plus accessibles pour les étudiants au début de leur relation avec les inversions: pour faire bouger les choses dans de nouvelles directions.

Comme toutes les choses dans la vie, se mettre à l'envers ne devrait pas être universellement prescrit. Certaines contre-indications doivent être observées afin de ne pas provoquer ou aggraver des blessures ou des maladies antérieures: hypertension artérielle non médicamenteuse, certaines affections cardiaques, blessures au cou, accident vasculaire cérébral récent, décollement de la rétine, glaucome et épilepsie sont des problèmes courants qui doivent être traités avant toute posture inversée.

De plus, le débat se poursuit sur la question de savoir si les femmes en période de menstruation devraient effectivement "prendre des vacances" d' inversions. Je suggérerais d'écouter votre corps et ce qui vous semble approprié pendant que vous avancez dans votre cycle. Cela peut signifier s'abstenir ou simplement maintenir des inversions pendant des périodes plus courtes. L'inversion que nous faisons dans GPBALANCE est très douce: Viparita Karani Mudra et une variation de Halasana.

Quelques-uns des avantages généraux des postures inversées: améliorent la circulation sanguine du corps en fournissant au cerveau plus d'oxygène, améliorant ainsi les fonctions mentales, notamment la concentration, la mémoire et les capacités de traitement; augmentent l'immunité et préviennent des maladies. Au fur et à mesure que la lymphe se déplace dans le corps, elle capte des toxines et des bactéries qui seront éliminées par les ganglions lymphatiques. Étant donné que la lymphe se déplace en raison des contractions musculaires et de la gravité, le fait de se mettre à l'envers permet à la lymphe de se déplacer plus facilement dans le système respiratoire, où de nombreuses toxines pénètrent dans le corps. Elles dynamisent aussi: les poses inversées font circuler plus de sang vers le cerveau, ce qui entraîne non seulement une revitalisation physique mais aussi une revitalisation mentale; elles relaxent: tandis que les inversions "d'échauffement" dynamisent, les inversions de type "refroidissement" (Équilibre sur les épaules et Viparita Karani Mudra) agissent pour calmer le système nerveux, activant ainsi le système nerveux parasympathique et produisant des sensations d'équilibre et de calme; enfin, elles améliorent l'équilibre et augmentent la force de base et renforcent la confiance. Elle nous rappelle aussi notre enfant intérieur: elles sont amusantes !

Viparita Karani

Ardha Halasana

1. Dans la dernière pose de la technique précédente, vous êtes à mi-chemin de Viparita Karani Mudra. Utilisez l'élan pour lever les jambes. Utilisez vos mains pour soutenir vos hanches. Gardez vos jambes droites à 90

degrés. La langue en Khechari Mudra et la concentration sur le chakra Vishuddhi, la thyroïde et les glandes cérébrales.

2. Maintenant, commencez à faire Bhastrika 2. Au moins 10 respirations avant de passer à la technique suivante, Halasana.

3. Le Halasana que nous faisons dans GPBALANCE est un peu différent du classique. Les genoux sont pliés et ils appuient sur le front en activant davantage les glandes du cerveau, en commençant par la pinéale. La respiration est ici fonction de l'effort.

42. Postures finales

Ces postures incluent la contre-posture aux techniques inversées que nous venons de faire: Ardha Matsyasana. Ici, les glandes thyroïde et parathyroïde sont exposées, il est donc facile de les visualiser et de s'y concentrer. La technique du "ressuscité" vous met au défi d'utiliser Mula Bandha pour vous asseoir, 7 fois. C'est amusant à faire!

Ardha Matyasana

Ressuscité": Inspire-Expire

Insp/exp

Dandasana

Paschimottanasana

1. Depuis Ardha Halasana, déroulez votre corps en Ardha Matsyasana. Mettez les avant-bras sur le sol, ouvrez la poitrine, laissez votre tête pendre et commencez à faire Bhastrika 1 en vous concentrant sur les glandes du cou et du cerveau. Langue en Khechari Mudra.

2. Lorsque vous avez terminé, allongez-vous sur le sol. Après quelques respirations, rapprochez les jambes et activez les pieds. À l'expiration, asseyez-vous, le dos droit, sans utiliser vos bras ni soulever les talons du sol. À l'inspiration, allongez-vous à nouveau. Répétez 7 fois.

3. Lorsque que vous vous asseyez pour la dernière fois, restez en Dandasana. Corrigez votre posture en alignant votre colonne vertébrale avec la gravité. Levez les bras en Urdhva Hastasana. Inspirez et, sans plier la colonne vertébrale ni baisser les bras, inclinez le tronc vers l'avant. Commencez à faire Bhastrika 1. Juste quelques respirations. Ensuite, détendez le tronc sur vos jambes. Restez ici quelques respirations naturelles en vous concentrant sur les glandes surrénales. C'est Paschimottanasana.

4. Croisez vos doigts, soulevez le tronc et tournez vos paumes vers le haut. Étirez votre colonne vertébrale. Inspirez et retenez le souffle. En expirant, rapprochez vos paumes devant la poitrine.

Cinquième section
(Assis dos droit)

Cette cinquième et dernière section, se fait également assis avec le dos droit, comme dans la première. Dans cette section, l'accent est mis sur la création d'un vide dans la région abdominale pour effectuer diverses techniques telles que Uddiyana Bandha, Agni Sara Dhauti et Nauli. La section commence à stimuler la glande Thymus et se termine par Ashwini Mudra, Nadi Shodhana Pranayama, une brève contemplation (qui comprend votre dernier Sankalpa), Neo-Tummo et Yoga Nidra allongé.

Ces dernières techniques ont une chose en commun: elles sont excellentes pour garder nos niveaux de cortisol et d'adrénaline sous contrôle, équilibrés. En vieillissant, la sécrétion de cortisol augmente. Les personnes âgées sont beaucoup plus sensibles au stress et à la peur. En période de bouleversements comme celui que nous avons vécu au Chili en 2020 et 2021, les personnes de plus de 65 ans étaient les plus touchées émotionnellement et psychologiquement. Les femmes aussi parce qu'elles sont plus déprimées que les hommes. L'enquête nationale sur la santé du Chili a révélé que la relation est de 5 à 1. Le stress libère du cortisol et de l'adrénaline, des hormones qui se dirigent vers le cœur, ce qui le rend plus sujet aux maladies cardiovasculaires, au diabète de type 2 et ce qui est encore plus grave: la relation entre le stress et le cancer car le cortisol est un puissant immunosuppresseur.

Cette section touche aussi, bien que pas en profondeur, les Kriyas, certains d'entre eux sont des techniques de nettoyage qui entrent dans la catégorie des Shatkarmas. "Shat" signifie six; "Karma", action. Ce sont: Dhauti, Vasti, Neti, Kapalabhati, Nauli et Trataka. Les Yoga Sutras de Patanjali 2.1 définissent trois types de kriya, à savoir l'ascétisme, la récitation et la dévotion au seigneur.

Tousser, éternuer, vomir, cracher, déféquer, uriner, pleurer, transpirer et en général tout ce qui est lié à des matières et fluides corporels désagréables sont des fonctions de base qui ont été culturellement réprimées. On nous a appris à réprimer ces fonctions, sans même les mentionner et parfois elles deviennent des mots utilisés pour insulter, mais toutes ont la capacité de nettoyer, purifier et soulager le corps des obstructions accumulées et bien sûr, des toxines.

L'énergie montante qui contrôle le réflexe de toux est de nettoyer les poumons et la gorge. Si nous réprimons ce réflexe, des perturbations peuvent survenir. De même, un bon éternuement nettoie les sinus et active l'énergie dans la tête; un vomi nettoie l'estomac; l'urine nettoie la vessie et les reins; déféquer nettoie les intestins; la fonction sexuelle active les organes sexuels et tous les muscles de la région sexuelle; la transpiration lubrifie la peau; les larmes nettoient les yeux... etc.

La répression de ces fonctions naturelles peut déclencher une chaîne de perturbations émotionnelles, physiques, énergétiques et mentales créant des déséquilibres dans les «Doshas» et dans les «Vayus». Dans le corps physique, ils peuvent affecter les fonctions des glandes et produire une augmentation de la quantité de «Ama» (toxines). GPBALANCE aide à équilibrer les hormones sécrétées par nos glandes endocrines.

Dans cette section, nous utilisons les techniques suivantes:

43. Le rire du thymus

44. Uddiyana Bandha

45. Agnisara Dhauti

46. Nauli

47. Ashwini Mudra

48. Nadi Shodhana Pranayama

49. Méditation (Contemplation) et Sankalpa final

50. Néo-Tummo et Shavasana

Remarque: La cinquième section, de la technique 43 à la technique 48, peut être remplacée par une seule technique: une respiration Ujjayi lente et profonde pendant 15 minutes, suivie des techniques 49 et 50. Je suggère de le faire un jour sur deux.

43. Rire du thymus

Le thymus est une glande fondamentale pour notre système immunitaire. Sa fonction principale est la production de lymphocytes T qui défendent l'organisme contre les organismes capables de provoquer des maladies. Le «T» des Lymphocytes T provient du fait que sa maturation a lieu dans le thymus. Cette glande est un organe lymphoïde, central du système immunologique, et sensible aux stimuli psychologiques tels que la peur, la haine, la colère et la dépression. Quand il devient faible, la maladie apparaît. Il peut causer des problèmes aux systèmes immunologiques tels que l'asthme, tous les types d'allergies et des problèmes encore plus graves. De la même manière, lorsque nous avons des sentiments de gratitude, d'amour, de bonheur et de générosité, le thymus devient fort. Le rire le rend très fort. Le thymus se rapporte à Anahata Chakra.

 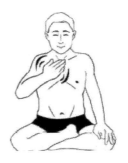

1. Asseyez-vous confortablement.

2. Inspirez lentement et en expirant, commencez à tapoter le centre supérieur de votre poitrine en riant.

3. Abaissez votre main, inspirez à nouveau et soulevez l'autre main et faites de même.

4. Répétez deux fois de plus.

5. Restez assis tranquillement pour quelques instants en sentant la chaleur à l'intérieur de votre poitrine.

44. Uddiyana Bandha

Cela signifie «voler vers le haut». Ce qui vole vers le haut, ce sont les organes abdominaux, sous les côtes. C'est fait avec Bahya Kumbhaka. Il est préférable de ne pas le faire la nuit et jamais après avoir mangé. La façon la plus simple de faire cette technique est de se tenir debout, mais cela peut être fait de différentes manières, comme s'accroupir ou, comme dans GPBALANCE, s'asseoir.

L'ancien texte du yoga dit que ce Bandha a des pouvoirs de guérison extraordinaires, principalement pour les problèmes abdominaux. Selon la tradition indienne, la zone de l'abdomen est considérée comme le «four» du corps. En sanskrit s'appelle "Kunda". Ici, la chaleur et l'énergie sont stockées. Ce Bandha est mieux fait le matin, avant le petit-déjeuner. Après l'avoir fait, laissez passer au moins une demi-heure avant de manger quoi que ce soit.

Uddiyana Bandha rend vos muscles abdominaux et votre diaphragme très forts; les organes abdominaux internes se rajeunissent en raison de l'augmentation de la circulation sanguine; c'est un excellent massage pour les intestins améliorant l'élimination et pour prévenir le prolapsus de l'utérus. Cela nous rend très conscients de nos organes abdominaux; il augmente nos niveaux d'énergie; augmente également la pression intra-abdominale améliorant la circulation de Prana; stimule le plexus solaire; il nous prépare à jouer Agnisara Dhauti et Nauli; il stimule Manipura, Muladhara et Swadhisthana Chakra; ça calme l'esprit.

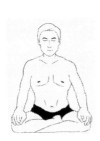  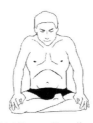 

Simhasana   Uddiyana Bandha

1. Asseyez-vous avec le dos droit et les mains sur les genoux. Avant de commencer, respirez plusieurs fois lentement et consciemment.

2. Faites Simhasana en tirant la langue en expirant profondément.

3. Sans air dans les poumons, faites Khechari Mudra.

4. Détendez les muscles abdominaux et un vide dans l'abdomen se produira de lui-même. Vous pouvez l'aider un peu en faisant Mula Bandha et Jalandhara Bandha et en appuyant avec vos mains sur vos genoux.

5. Gardez Uddiyana Bandha aussi longtemps qu'il est confortable. Ensuite, détendez les muscles abdominaux et inspirez.

6. Après chaque Uddiyana, respirez normalement et surveillez votre esprit. (Shambhavi Mudra)

7. Répétez 3 fois.

8. Lorsque cela est facile pour vous, levez les bras comme dans l'illustration.

45. Agnisara Dhauti

Ce Kriya est comme Uddiyana Bandha, mais fait plusieurs fois, rapidement et continuellement, sans respirer. Il est traduit par «lavage par le feu», dans ce cas par Agni, le feu qui stimule le Chakra Manipura. Il est important de maîtriser Uddiyana Bandha avant de pratiquer Agnisara Dhauti. Beaucoup de chaleur est générée.

On dit que ce Kriya stimule les Chakras inférieurs, en particulier le Chakra Manipura aidant à la digestion. Détox du corps. Il aide également le système immunitaire. La Yogathérapie est utilisée pour débloquer l'énergie «samana» et lutter contre l'obésité. Renforce le dos, l'abdomen, les reins, l'intestin grêle et élimine les toxines du sang.

De nombreuses répétitions d'Agnisara sont plus faciles à faire après avoir fait Bhastrika ou Kapalabhati.

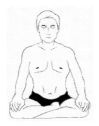   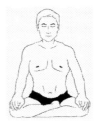

Simhasana   Agnisara Dhauti

1. Asseyez-vous avec le dos droit et les jambes croisées confortablement. Utilisez toujours une couverture bien pliée pour vous asseoir.
2. Avant de commencer, surveillez votre respiration naturelle pendant quelques instants.
3. Faites Simhasana et Uddiyana Bandha. Kechari Mudra, Mula et Jalandhara Bandha.
4. Sans air dans les poumons, contractez et détendez à plusieurs reprises et rapidement votre abdomen jusqu'à ce que vous ressentiez une perte de puissance ou que vous ayez besoin d'inspirer (toujours par le nez). Avant d'inspirer, détendez d'abord votre abdomen et alignez votre tête avec votre colonne vertébrale.
5. Observez "Chidakash", votre écran mental.
6. Essayez de faire entre 15 et 30 contractions au moins 2 ou 3 fois.

46. Nauli

Ceci est un autre Shatkarmas du Hatha Yoga, une technique de nettoyage interne. Il doit être fait de préférence plus tôt le matin, avant de manger quoi que ce soit. Comme l'un des objectifs de cette technique est de reprogrammer la zone abdominale, au début, ce sera difficile car nous avons peu de connexions avec les muscles internes de l'abdomen, et ils doivent être éduqués pendant que de nouvelles voies neuronales se construisent avec le temps. Ne forcez pas, mais pratiquez quotidiennement et vos efforts seront récompensés.

C'est beaucoup plus facile de faire Nauli debout, avec les jambes fléchies et les mains appuyant sur les cuisses, cependant dans GPBALANCE nous le faisons assis, puisque toute la cinquième section est assise sur le sol.

L'isolement des deux muscles droits de l'abdomen est appelé «Madhya Nauli »; l'isolement de celui de gauche s'appelle «Vama Nauli» et celui de droite, «Dakshina Nauli ». Lorsque les différentes pratiques d'Uddiyana, Vama, Dakshina et Madhya Nauli sont faites ensemble, une rotation des muscles se produit. Cela peut être fait dans le sens des aiguilles d'une horloge ou dans le sens inverse. Il s'appelle "Nauli Chalana".

Nauli est l'une des meilleures techniques pour déplacer l'énergie vitale, Prana. Il donne un bon massage aux organes abdominaux internes en les purifiant et en les détoxifiant. Améliore la capacité respiratoire; réduit les problèmes de constipation; stimule le pancréas, les reins, la prostate, la vésicule biliaire, les ovaires, le foie et tout le système urinaire et digestif. Élimine les toxines et renforce le système immunitaire. On dit que cela aide les personnes atteintes de diabète.

Nauli agit sur Pranamaya et Manomaya Koshas (les couches énergétiques et mentales) créant une clarté mentale et une volonté.

Du point de vue de GPBALANCE, cette technique est très puissante car elle stimule la zone sexuelle. Elle est recommandée aux hommes qui souffrent d'éjaculation précoce et de dysfonction érectile.

Pour être efficace, il doit être pratiqué quotidiennement.

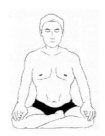  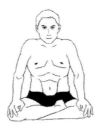

Madhya Nauli

1. Asseyez-vous avec le dos droit. Respirez normalement pendant quelques instants.

2. Exécutez Simhasana et Uddiyana Bandha. Mettez la langue en Khechari Mudra.

3. Détendez l'abdomen et commencez à appuyer vos mains sur vos cuisses. Si vous appuyez sur la main droite, le droit de l'abdomen droit apparaîtra et la même chose se produit lorsque vous appuyez sur la main gauche, le gauche de l'abdomen gauche apparaîtra. Et si vous appuyez sur les deux mains en même temps, les deux recti apparaîtront ensemble.

4. Avant d'inspirer, détendez complètement l'abdomen.

5. Pendant que votre respiration se normalise, observez Ajneya Chakra.

6. Faites-le au moins 2-3 fois.

7. La concentration est toujours sur les Chakras inférieurs, et après avoir terminé, sur Ajneya.

Rappelez-vous que Nauli doit être fait avec l'estomac vide en utilisant Mula et Jalandhara Bandha.

47. Ashwini Mudra

Satyananda Yoga fait une distinction claire entre les trois groupes de muscles du plancher pelvien: le système excréteur, reproducteur et urinaire. La contraction des muscles excréteurs est Ashvini Mudra, celle de l'urine est Vajroli Mudra et le périnée est Mula Bandha.

Chez la plupart des gens, la zone du plancher pelvien est inconnue, fermée et pleine de tensions qui bloquent les Nadis interférant avec le flux des circuits praniques. Cette zone est un important centre énergétique neuroendocrinien. Il ne peut pas être ignoré.

Ashwini et d'autres techniques de purification ont été enseignées en Inde pendant des milliers d'années. Ils sont également expliqués en détail dans des textes tels que «Hatha Pradipika», «Gheranda Samhita», «Shiva Samhita», «Shatkarma Sangraha Raghavira» et bien d'autres. Cette technique était enseignée en tête-à-tête entre maître et disciple.

Ce mudra ressemble beaucoup aux «exercices de Kegel» recommandés aux femmes enceintes dans lesquels le sphincter anal et le plancher pelvien se contractent et se détendent à plusieurs reprises. C'est aussi un peu comme Mula Bandha qui sert à contracter le périnée. La pratique des deux est bonne car une grande partie de l'irrigation sanguine va dans la région pelvienne au profit du vagin et des tissus urétraux des femmes.

Normalement, Ashwini Mudra est traduit par «la jument Mudra» en raison des similitudes des contractions que cet animal fait avec sa région anale et uro-génitale. Ashwini travaille d'avantage sur les muscles du dos, par exemple, le "levator ani", un nom général donné à un petit groupe de muscles avec de nombreuses connexions qui peuvent être déplacées individuellement. Lorsque ces muscles sont renforcés, ils agissent en séquence, se déplaçant comme une spirale, vers le haut. Apprendre à isoler ces muscles est recommandé dans la pratique du Vajroli Mudra, mais pour pratiquer le Vajroli, vous devez d'abord apprendre l'Ashwini. Vajroli travaille davantage sur les muscles antérieurs (diaphragme urogénital) et la zone du bas ventre, le muscle pubo-coccygien.

Dans Mula Bandha, le périnée est aspiré vers le haut comme le diaphragme pelvien est également aspiré. Cela se produit lorsque l'os pubien et le coccyx se rapprochent l'un de l'autre. Ashwini Mudra réveille Swadhistana Chakra, le Chakra sexuel qui agit sur la procréation et la régénération, mais aussi tonifie, nettoie et purifie les nerfs, les glandes, les muscles, les tissus et le fascia de l'anus, du rectum, du coccyx et du périnée aidant à faire Mula Bandha. Il apporte des mouvements subtils au sacrum et au coccyx. Normalement, il est pratiqué avec Vajroli Mudra contractant simultanément les muscles et les tissus de connexion de toute la région pelvienne, vers l'intérieur et vers le haut. En bref, Ashvini Mudra a de nombreux avantages physiques, émotionnels et spirituels: Stimule les organes digestifs et soulage la constipation; soulage les hémorroïdes; renforce la résistance aux maladies et ralentit le vieillissement; tonifie les muscles pelviens; renforce les muscles utérins; améliore la santé sexuelle; calme l'esprit; améliore l'humeur; augmente la conscience et vous donne beaucoup d'énergie. Les aspects subtils commencent à apparaître avec la pratique. Vous ferez l'expérience d'une vague de conscience et d'ouverture dans le plancher pelvien qui apporte une grande détente dans tout le corps-esprit. Il réduit Apana Vayu et augmente Prana Vayu.

Le dysfonctionnement du plancher pelvien est un terme général qui implique des déséquilibres musculaires ou un dysfonctionnement des articulations pelviennes qui provoquent un éventail de symptômes. Les muscles du plancher pelvien ont un travail très important; ils aident à la continence urinaire et fécale, aux performances sexuelles, à la stabilisation des articulations pelviennes et au soutien des organes urogénitaux. S'il y a un déséquilibre musculaire dans le plancher pelvien, il est possible que l'une de ces fonctions vitales soit affectée. Les symptômes du dysfonctionnement du plancher pelvien peuvent inclure des douleurs aux hanches ou aux fesses, de l' abdomen, une incontinence urinaire, des douleurs lors des rapports sexuels ou des douleurs dans les articulations pelviennes. Compte tenu de la nature intime de ces symptômes, de nombreuses personnes ne cherchent un traitement que lorsque les symptômes sont presque insupportables.

La bonne nouvelle est qu'il y a de l'espoir pour les personnes souffrant de dysfonctionnement du plancher pelvien et des symptômes de douleur associés avec GPBALANCE YOGA.

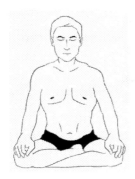 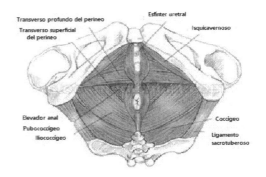

(Muscles du plancher pelvien)

1. Asseyez-vous dans une position confortable des jambes croisées, le dos droit. Respirez normalement pendant quelques secondes.

2. Expirez doucement tout l'air de vos poumons, puis inspirez profondément par le nez. Retenez la respiration. Vous pouvez faire le contraire: retenir votre souffle avec les poumons vides.

3. Appliquez Jalandhara et Khechari Mudra.

4. Commencez à contracter tout le plancher pelvien et comptez mentalement le nombre de contractions. Lorsque vous perdez de la puissance dans les contractions, soulevez le sternum et expirez par le nez.

5. Attendez que la respiration se calme. Détendez Jalandhara Bandha et Khechari Mudra et concentrez-vous sur Ajneya Chakra. Il s'agit d'un «tour».

6. Répétez deux ou trois fois de plus. Vous remarquerez que vous pouvez faire plus de contractions à chaque fois et que leur qualité s'améliorera à mesure que vous prendrez conscience de la région pelvienne et anale.

7. Votre esprit deviendra très calme.

N'oubliez pas de faire Ashvini Mudra pendant Antar Kumbhaka ou Bahya Kumbhaka. Essayez les deux et voyez ce qui vous convient le mieux. Chez les hommes, les organes génitaux se déplacent de haut en bas. C'est normal et les hommes et les femmes auront l'impression que le coccyx bouge aussi.

Vous pouvez également faire Ashwini Mudra et toute la 5ème section, à l'exception de Neo-Tummo et Shavasana assis sur une balle de tennis, qui devrait être exactement sous votre plancher pelvien (Pour plus de détails, LIVRE 4/Exercices). Sur une inspiration profonde faites Ashvini Mudra, retenez votre respiration quelques secondes et relâchez à l'expiration. Vingt à trente fois, minimum. Il est également recommandé de faire Ashwini Mudra autant de fois que possible avant de vous endormir et au réveil, au lit. S'il vous plaît, faites-le allongé sur le côté. Si vous êtes allongé sur votre côté droit, vous activerez le côté droit de votre plancher pelvien et votre narine gauche s'ouvrira et se dégagera. L'inverse se produit lorsque vous vous allongez sur le côté gauche.

48. Nadi Shodhana Pranayama
Purifie et équilibre

"Il est recomman•é après une pratique •'Asana et avant une mé•itation"

On l'appelle aussi "respiration alternée". Le stress est notre ennemi numéro un, non seulement il déséquilibre nos hormones, mais lorsqu'il devient chronique, nous tombons malades. Ce Pranayama calme l'esprit. Cela nous amène rapidement à un état de Pratyahara (intériorisation), Dharana (concentration) et Dhyana (méditation).

Nadi signifie «canal». Shodhana vient de «Shudh» qui signifie purifier. Donc Nadi Shodhana est la purification des canaux subtils. L'un des objectifs est d'équilibrer les énergies chaudes et froides dans le corps, mais le plus important est de permettre la libre circulation de l'énergie à travers le canal principal, Sushumna.

Dans un cycle de Surya Bhedana Pranayama, l'inspiration se fait par la narine droite et l'expiration par la gauche. Dans un cycle de Chandra Bhedana Pranayama, l'inspiration se fait par la narine gauche et l'expiration par la droite. Nadi Shodhana Pranayama combine les deux techniques en un seul cycle. Cette technique a de nombreuses variantes, certaines d'entre elles assez complexes, nécessitant beaucoup de préparation et de pratique. Dans GPBALANCE, nous utilisons la forme la plus simple.

Le cerveau est divisé en deux hémisphères: le gauche contrôle le côté droit du corps et l'hémisphère droit contrôle le côté gauche. Les anciens yogis ont découvert que le cerveau avait aussi deux parties, la partie arrière, à la base du crâne, le cerveau contemplatif, siège de la sagesse et la partie frontale, le cerveau calculateur en charge du monde extérieur. Ils ont inventé les Asanas pour que le corps se développe uniformément et les différentes techniques de Pranayama, parmi lesquelles Nadi Shodhana pour permettre au Prana de passer à tour de rôle entre les narines, revitalisant les deux hémisphères cérébraux, l'arrière et la partie avant du cerveau.

Naturellement, plus d'air entre par une narine tout au long de la journée. C'est parce que le sang change son flux d'une narine à l'autre toutes les quatre-vingt-dix minutes. Du coup, l'un se ferme un peu et l'autre s'ouvre. La science a démontré que lorsque la narine gauche est plus ouverte, l'hémisphère droit est plus dominant, activant la créativité et l'émotivité. De l'autre côté, lorsque le côté droit est plus ouvert, l'hémisphère gauche est plus dominant, activant les fonctions analytiques et rationnelles de l'esprit.

Grâce à Nadi Shodhana Pranayama, les yogis ont pu modifier le rythme naturel de l'air qui entre par les narines créant un équilibre entre les deux hémisphères du cerveau et le système nerveux: un équilibre entre excitation et relaxation (système nerveux sympathique et parasympathique).

Il existe différentes façons de fermer les narines. Mettre les doigts de la manière ci-dessous sur le nez s'appelle «Prana Mudra », même nom mais technique différente de la dernière technique de la troisième section. Nous mettons l'index et le majeur au centre du front. Avec le pouce droit, nous fermons la narine droite et avec l'annulaire et l'auriculaire, nous fermons la narine gauche. Vous êtes libre d'utiliser la manière que vous souhaitez pour fermer les narines. Utilisez ce qui est confortable pour vous. La main que vous n'utilisez pas, la gauche, repose sur votre jambe gauche en Gyan ou Chin Mudra.

Nadi Shodhana a de nombreux bénéfices: purifie les Nadis; le Prana passe à son tour par les narines en revitalisant les deux hémisphères du cerveau; réduit l'anxiété et le stress et augmente la clarté mentale. Régule les niveaux de cortisol dans le sang; améliore la capacité cognitive ainsi que les fonctions respiratoires et métaboliques; le sang reçoit beaucoup d'oxygène; équilibre l'activité d'Ida et de Pingala; l'esprit devient très calme; équilibre les systèmes nerveux sympathique et parasympathique et stimule les chakras et les glandes endocrines.

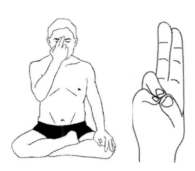

1. Asseyez-vous le dos droit. Assurez-vous que vous êtes assis sur quelque chose pour soulever vos hanches.

2. Surveillez votre respiration naturelle pendant un petit moment. Il est préférable de pratiquer les yeux fermés.

3. Mettez votre main droite dans Prana Mudra. Les pouces et les doigts sont toujours en contact avec les narines. Même la narine que nous utilisons pour inspirer doit être légèrement fermée pour mettre un petit obstacle, ainsi, petit à petit, le contrôle de la respiration s'affine.

4. En gardant la narine gauche complètement fermée, inspirez lentement et profondément par la droite. N'oubliez pas que cette narine est partiellement fermée.

5. Expirez doucement et complètement par la narine gauche en gardant la droite partiellement fermée.

6. Inspirez par la narine gauche en gardant la droite fermée.

7. Expirez par la narine droite.

Ici se termine un cycle. La suivante commence lorsque vous inspirez à nouveau par la narine droite. C'est le niveau de pratique le plus élémentaire de Nadi Shodhana. Faites 3 cycles. Au fur et à mesure que vous progressez, vous pouvez commencer à ajouter Mula et Jalandhara Bandha et retenir votre souffle après chaque inspiration et expiration.

Remarque: Il est important de savoir que dans certaines écoles de yoga, l'inspiration commence par la narine gauche. Toute la respiration doit être effectuée en utilisant la respiration complète du yoga. Cela signifie utiliser la pleine capacité des poumons.

49. Méditation (Contemplation) et Sankalpa

"Nous ne mé•itons pas pour obtenir quelque chose; entraînez-vous à vous •ébarrasser •es choses •ont vous n'avez pas besoin. Mé•itez avec •étachement, pas avec •ésir et lorsque vous avez terminé, ne pensez pas que vous arrêtez •e mé•iter. Dites simplement que vous changez •e posture.

Ajahn Chah, Thai monk

Un meilleur mot pour la méditation est la «contemplation». Le mot pour cela en sanskrit est «Dhyana». C'est une pratique ancienne. Toutes les pratiques spirituelles ont la méditation. Aujourd'hui, la méditation englobe un large éventail de pratiques. Il peut produire des états de conscience altérés après beaucoup de pratique quotidienne. Il est essentiel d'immobiliser le corps, assis. Cependant, il existe certains types de méditation où le corps doit être en mouvement.

Le sage Patanjali nous dit que la méditation nous aide à alléger l'esprit en se débarrassant de ses impressions subjectives et objectives. Lorsque cela se produit, nous assistons à un état de vide qui n'est pas une inconscience, un sommeil profond ou un état hypnotique. Déconnecter l'ordinateur mental produit un vrai repos à la fois dans le corps et dans l'esprit. Quelque chose que nous pourrions appeler «la paix mentale».

La tortue symbolise ce qui arrive à l'esprit pendant la méditation. Comme la tortue qui retire sa tête et ses pattes dans la carapace, l'esprit retire les sens et quitte le monde extérieur pour vivre une nouvelle expérience, l'expérience de son monde intérieur. Ainsi, la méditation est avant tout une thérapie pour l'esprit. L'expérience spirituelle vient après.

La médecine occidentale a étudié ses effets bénéfiques. Pour n'en citer que quelques-uns: stimule le processus anabolique de réparation de l'organisme et inhibe le catabolisme qui use et vieillit les cellules; aide à se connaître et à améliorer la qualité de son sommeil; renforce le système immunitaire et, bien- sûr, déstresse.

Les techniques de méditation ne doivent pas être confondues avec la méditation proprement dite. Les techniques ne sont que des outils à utiliser, pas à théoriser sur elles. La méditation est le résultat de ce que nous pouvons réaliser en utilisant les outils. Les techniques aident à centrer l'esprit sur le moment présent en développant une nouvelle qualité: l'attention. L'esprit n'est qu'une machine à désirer. Toujours chercher quelque chose, toujours demander. L'esprit ne s'intéresse pas au moment présent, car il n'a pas d'espace pour bouger.

La méditation est l'étude de l'esprit, par soi-même. Aujourd'hui, la méditation est souvent associée à la religion et au mysticisme, mais en principe, la méditation est une méthode d'observation directe de son propre esprit. En tant qu'étudiants, lorsque nous observons notre esprit, nous devons mettre de côté toutes les descriptions de seconde main, les dogmes religieux et les conjectures philosophiques, en nous concentrant plutôt sur notre propre expérience indépendamment de la réalité que nous rencontrons.

La respiration est l'un des outils les plus utilisés lors de la méditation. Souvent, il nous est conseillé de nous asseoir correctement avec le dos droit et les yeux fermés et de concentrer toute notre attention sur le souffle qui entre et sort des narines. Nous ne devons pas essayer de contrôler le souffle ou de respirer de quelque façon que ce soit. Nous devons observer la réalité du moment présent, quelle qu'elle soit. Quand le souffle entre, nous sommes juste conscients - maintenant le souffle entre. Quand le souffle sort, nous sommes juste conscients - maintenant le souffle sort. Et lorsque nous perdons notre concentration et que notre esprit commence à s'interroger sur des souvenirs et des fantasmes, nous restons simplement conscients - maintenant mon esprit s'est éloigné du souffle.

Lorsque nous devenons plus expérimentés, il nous est demandé d'observer non seulement la respiration, mais les sensations dans tout le corps. Pas des sensations particulières de félicité et d'extase, mais plutôt les sensations les plus banales et les plus ordinaires: chaleur, pression, douleur, etc. Le flux de l'esprit est étroitement lié aux sensations du corps. Entre moi et le monde, il y a toujours des sensations corporelles. Je ne réagis jamais aux événements du monde extérieur; Je réagis toujours aux sensations dans mon propre corps. Lorsque la sensation est agréable, je réagis avec une envie de plus. Si nous sommes outrés que quelqu'un ait insulté notre nation, ce qui rend l'insulte insupportable, c'est la sensation de brûlure au creux de l'estomac. Notre nation ne ressent rien mais notre corps nous fait mal.

Si vous voulez savoir ce qu'est la colère, observez simplement les sensations qui surviennent et traversent votre corps pendant que vous êtes en colère. La source la plus profonde de la souffrance est dans l'esprit. Quand je veux quelque chose et que cela n'arrive pas, mon esprit réagit en générant de la souffrance. La souffrance n'est pas une condition objective dans le monde extérieur. C'est une réaction mentale générée par mon propre esprit.

Beaucoup de gens, y compris de nombreux scientifiques, ont tendance à confondre l'esprit avec le cerveau, mais ce sont des choses différentes. Le cerveau est un réseau matériel de neurones, de synapses et de produits biochimiques. L'esprit est un flux d'expériences subjectives telles que la douleur, le plaisir, la colère et l'amour. Les biologistes supposent que le cerveau produit en quelque sorte l'esprit et que les réactions biochimiques dans des milliards de neurones produisent en quelque sorte des expériences telles que la douleur et l'amour. Cependant, jusqu'à présent, nous n'avons absolument aucune explication sur la façon dont l'esprit émerge du cerveau. Pourquoi est-ce que lorsque des milliards de neurones émettent des signaux électriques selon un schéma, je ressens de la douleur, et lorsque les neurones émettent dans un schéma de direction différent, je ressens de l'amour ? Nous n'avons aucune idée. Par conséquent, même si l'esprit émerge effectivement du cerveau, étudier l'esprit est une entreprise différente de l'étude du cerveau, du moins pour l'instant.

La méditation sérieuse demande énormément de discipline. Si vous essayez d'observer objectivement vos sensations, la première chose que vous remarquerez est à quel point l'esprit est sauvage et impatient et à quel point il est difficile de se concentrer même sur une sensation relativement distincte telle que la respiration. Nous pouvons facilement focaliser l'esprit en regardant un bon thriller à la télévision - mais l'esprit est tellement concentré sur le film qu'il ne peut pas observer sa propre dynamique.

Dans cette partie de la séquence GPBALANCE, après avoir terminé la respiration alternée -Nadi Shodhana- nous nous asseyons pendant 15 à 20 minutes selon le temps dont nous disposons et après avoir vérifié que la posture est confortable, nous commençons à observer le mental. Les pensées, les images, les idées commenceront à disparaître de plus en plus vite avec une pratique régulière. Le mental entrera dans un état de non-mental.

Juste avant de nous allonger pour Shavasana, nous répétons le Sankalpa fait lors de la 1ere section.

Antes de acostarnos para hacer Neo-Tummo y Shavasana, repetimos nuestro Sankalpa, tal como lo hicimos en la Primera sección.

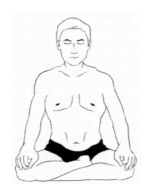

1. Asseyez-vous avec le dos droit.

2. Faire Kaya Sthairyam

3. Concentrez-vous sur votre respiration naturelle.

4. Portez toute votre attention à votre esprit. Vous pouvez utiliser Shambhavi Mudra si vous le souhaitez.

5. Terminez la méditation avec votre Sankalpa.

50. Neo-Tummo et Shavasana

Les ⋅eux techniques se font allongées. Après avoir terminé Neo-Tummo, nous continuons avec Shavasana, en étirant les jambes et en mettant les bras sur les côtés ⋅u corps.

Neo-Tummo

(Voir le livre 4/Respiration))

1. Allongez-vous face vers le haut sur une surface dure, de préférence le sol avec une ou deux couvertures pliées sous la tête (seulement si nécessaire) pour garder le menton baissé (Jalandhara Bandha).

2. Étirez vos bras derrière votre tête pour laisser entrer plus d'air dans vos poumons et mettez les jambes en Supta Baddha Konasana. Le but est de permettre le mouvement des hanches (inclinaison pelvienne) lors de la respiration Neo-Tumo, en contractant en même temps la région urogénitale. Le basculement du bassin et la contraction de la région urogénitale se produisent naturellement. Si mettre vos jambes en Supta Baddha Konasana représente un problème, placez un oreiller ou un traversin sous vos genoux, ou pliez simplement les jambes pour que tout le dos soit au sol.

3. Prenez entre 30 et 108 respirations rapides et profondes, en inspirant par le nez de manière yogique et en expirant par la bouche, afin de pouvoir expulser plus de CO_2. A la fin de l'inspiration, naturellement, la zone urogénitale se contracte (Mula Bandha) et les genoux (si vous êtes en Supta Baddha Konasana) vont légèrement remonter et le bas du dos va s'aplatir contre le sol, et à l'expiration, les genoux vont retomber et la région lombaire se soulèvera un peu.

4. À la fin de la dernière expiration, laissez environ un quart d'air dans les poumons et retenez votre respiration jusqu'à ce que vous ressentiez le «réflexe haletant», l'envie d'inspirer. Le réflexe haletant se produit lorsque vous avez reconstitué le dioxyde de carbone que vous avez

perdu. Retenez le souffle sans forcer, confortablement, pendant environ 1 minute au premier tour. La deuxième et la troisième fois, vous pourrez généralement retenir votre respiration pendant une minute et demie ou 2 minutes. Ensuite, inspirez à nouveau, aussi profondément que possible, et retenez votre respiration pendant 15 à 20 secondes en visualisant Ajneya Chakra. Vous pouvez répéter cela autant de fois que vous le souhaitez. Normalement, 3 tours suffisent.

5. Tout en retenant votre respiration à poumons vides, dirigez le picotement général que vous ressentez dans tout le corps, -le plus visible dans les doigts et les orteils chez la plupart des gens-, vers vos chakras, organes ou glandes. vous choisissez. Au deuxième tour, le picotement devient une vibration à basse fréquence plus facile à diriger et à effectuer ce que Mantak Chia appelle "Micro Orbit", qui concentre l'énergie vibratoire dans Muladhara Chakra puis la déplace jusqu'à Swadhistana et ainsi de suite, le long de l'arrière du corps jusqu'à Sahasrara et redescendant à travers la partie avant des Chakras à partir de Vishuddhi jusqu'à Muladhara. C'est une boucle. Faites-en autant que possible, lentement, en vous attardant dans chacun.

Enfin, continuez allongé sur le dos en -Shavasana- en respirant normalement tout en vous concentrant sur vos chakras en écoutant un audio YouTube sur les chakras ou en vous concentrant sur vos organes et glandes. Vous pouvez également faire du Yoga Nidra. Cette dernière partie dure environ 15 minutes.

Littéralement, Shavasana signifie «posture du cadavre ». Pour pouvoir se détendre profondément, il faut d'abord immobiliser le corps, puis l'esprit. C'est la même chose avec la méditation. La méditation guidée utilisant la technique appelée «Yoga Nidra» est une méditation où notre esprit reste juste à la frontière entre la veille et le sommeil. De nombreux audios sont maintenant disponibles sur YouTube. Veuillez choisir ceux de l'école Swami Satyananda. 10 à 15 minutes de Shavasana sont idéales pour terminer la pratique de GPBALANCE.

Pendant que nous nous asseyons après Shavasana, si vous le souhaitez, vous pouvez faire le Shanti Mantra.

Asseyez-vous le dos droit en Sukhasana (posture facile des jambes croisées) ou similaire, et avec les paumes des mains unies devant la poitrine, récitez:

OM

Shanti, Shanti, Shanti

Hari Om

Principales sources des 10 livres de la collection de yoga GPBalance

Ada P. Kahn, MPH, Arthritis, Causes, Prevention & Treatment", 1992

Alberto Villoldo PhD, "One Spirit Medicine. Ancient ways to Ultimate Wellness". Hay House, Inc. 2015.

Alberto Villoldo, PhD, "Shaman, Healer, Sage", 2000.

Alfred Kinsey, "Kinsey Reports": "Sexual Behavior in the Human Male" (1948) and "Sexual Behaviour in the Human Female" (1953), published by Saunders.

Amy Cuddy, Social Psychologist, Harvard Business School. TED Talks.

Amy Myers, MD, "The Autoimmune Solution", 2015.

Amy Myers, MD, "The Thyroid Connection", 2016.

Alexis Carrel, "La incógnita del Hombre", Agnus Dei Publishing, 1935.

Bertrand Russel. "Why I Am Not a Christian". Simon and Schuster, 1957.

Carlton Fredericks, PhD, "Low Blood Sugar and You", 1979.

Daniel J. Levitin, "Successful Aging". 2020.

David A. Sinclair, "Lifespan. Why We Age and Why We Don´t Have to", 2019.

Denis De Rougemont, "L´Amour et l´Occident"

Dinah Rodrigues, "Hormone Yoga Therapy".

Eran Segal, TEDx talk, June 2016.

Fabian C. Barrio, "Los ingredientes de la felicidad". YouTube, 2020

Fiona McCulloch, N.D. "8 Steps to Reverse Your PCOS", 2016

Francesco Alberoni, "L´erotismo". Garzanti Editore s. p. a. 1986.

Gustavo Ponce, "Cuentos de la India: Sinfonía para el Alma", Colección Cuerpo-Mente, 2008.

Gustavo Ponce, "La respiración", 2008.

Harvey y Marilyn Diamond, "La Anti-Dieta", 1985.

Henry Miller, "Tropic of Capricorn". Grove Press, Inc. 1961.

Howard Gardner, "Changing Minds", 2006

James Dinicolantonio and Dr. Jason Fung, "The Longevity Solution. Rediscovering Centuries-Old Secrets to a Healthy, Long Life". First published in 2019 by Victory Belt Publishing Inc.

James Nestor, "Breath, The New Science of a lost Art", 2020.

Jason Fung, MD, "The Complete Guide to Fasting", 2016.

John Steinbeck, "Las uvas de la Ira". Penguin Books. 2002.

Judith Swarth, MS, "El Estrés y la Nutrición", 1992.

Linda Geddes, "Chasing the Sun", 2019

Loretta Breuning Graziano, "Meet your Happy Chemicals". Inner Mammal Institute, 2012.

Louise Tenney, "Nutritional Guide", 1991.

Mantak Chia, "La Pareja Multi-orgásmica", 2000.

Master and Johnson, "Human Sexual Response", Little, Brown, and Company; Revised edition (April 30, 1988)

Master and Johnson, "Human Sexual Inadequacy", Ishi Press (February 7, 2010)

Matt Ritchel, "An Elegant defense: The extraordinary Mew Science of the human Immune System", 2019

Matthew Walker, PhD. "Why we sleep. Unlocking the power of sleep and dreams", 2017.

Mario Quintana, "Felicidade Realista".

Michio and Aveline Kushi, "Macrobiotic Diet", 1985.

Nazir Diuna M. D. "Manifiesto del Pene", 2017

Neil Barnard, MD, "Your Body in Balance. The new Science of food, hormones and health".

Neil H Riordan, "Stem Cell Therapy, a Rising Tide", 2017

Nelson Rodrigues, "Myrna"; "Nao se pode ser amar e ser feliz ao mesmo tempo". Editora Schwarcz Ltda. 2002.

Osho, "Tantra, The Supreme Understanding", 1993.

Osho, "Sex", 1981.

Patrick Mckeow, "The Oxygen Advantage". 2016

Pete Egoscue, "Pain Free",1998.

Peter J. D´Adamo with Catherine Whitney, "Eat right for your Type". 1996

Penny Stanway, "Dieta, Guía Práctica", 1990.

Ruediger Dahle, Thorwald Dethlefsen, "The healing power of Illness: understanding what your symptoms are telling you". 2002. (First published in 1983)

Sara Gottfried, MD, "The Hormone Cure", 2013

Scientific American, "Stressed Out. Causes, Effects & Keeping Calm", 2020.

Share Hite, "Hite Rapporten Om Kvinders Seksualitet" Tiderne Skifter, 1976.

Sibinka Bajic, MD, PhD, "The New Science of Exercise", 2017

Sibinka Bajic, MD, PhD, "Neuroscience of Yoga", 2017

Simone de Beauvoir, "La Vieillesse", 1970, Éditions Gallimard.

Stephen Hawking, "A Brief History of Time". Bantam Books, 1988.

Steven R. Gundry, MD, "The Plant Paradox", 2017

Theodor Reik. "Love and Lust. On the Psychoanalysis of Romantic and Sexual Emotions". Transaction Publishers, 2002

Tim Spector, "The diet Myth: The real science behind what we eat", 2017.

Tim Spector, "Spoon-Fed: Why almost everything we´ve been told about food is wrong", 2020.

TIME, "The Science of Exercise".

TIME, "The Science of Stress",

Valter Longo, PhD, "The Longevity Solution", 2018.

Walter M. Bortz II MD, "We live too short and die too long", Bantam Books, 1991.

William J. Broad, "The Science of Yoga: Risk and the Rewards", New York Times, 2012

William W. Li, MD, "Eat to Beat Disease". Grand Central Publishing, 2019

Wulf Drögue, "Avoiding the first cause of Death". Can we live longer and better?" Universe, Inc. New York, 2009.

GPBALANCE est composé de 50 techniques, réparties en 5 sections: la première et la dernière s'effectuent assis au sol avec le dos à la verticale. La seconde se fait allongé sur le dos, face vers le haut; la troisième est composée de plusieurs postures debout (une partie de cette section est facultative, car certaines personnes ont des difficultés à les faire, en raison de leur âge ou de leur condition physique); le quatrième, est exécuté face cachée sur le sol. Chaque section et chaque technique seront expliquées en détail.

La pratique entière dure environ 1 heure et 15 minutes. La méditation et la relaxation peuvent prendre encore une demi-heure. Comme beaucoup de gens n'ont pas beaucoup de temps, la pratique peut être adaptée au temps dont nous disposons. Je suggère un minimum de 20 ou 30 minutes par jour. Certains jours, nous pouvons travailler exclusivement les première et deuxième sections; d'autres jours, nous pouvons nous concentrer sur les autres sections. En pratiquant GPBALANCE, vous créerez votre propre routine. Je recommande d'éviter la pratique après le dîner. Pratiquez toujours à jeun. Le meilleur moment est tôt le matin, avant le petit déjeuner.

Made in United States
Orlando, FL
19 April 2022

16966431R10072